爱满三年

——高中班主任生活亲历记

合肥市王莉名师工作室 著

全国百佳图书出版单位
时代出版传媒股份有限公司
黄山书社

图书在版编目(CIP)数据

爱满三年:高中班主任生活亲历记 / 合肥市王莉名师工作室著. —合肥:黄山书社,2020.8

ISBN 978-7-5461-9233-8

Ⅰ. ①爱…　Ⅱ. ①合…　Ⅲ. ①高中-班主任工作　Ⅳ.①G635.16

中国版本图书馆 CIP 数据核字(2020)第 162883 号

爱满三年——高中班主任生活亲历记

AIMAN SANNIAN GAOZHONG BANZHUREN SHENGHUO QINLIJI

合肥市王莉名师工作室　著

出 品 人　贾兴权

责任编辑　张　锐　王陶然

责任印制　李　磊

装帧设计　钱志刚

出版发行　时代出版传媒股份有限公司(http://www.press-mart.com)
　　　　　黄山书社(http://www.hspress.cn)

地址邮编　安徽省合肥市蜀山区翡翠路 1118 号出版传媒广场 7 层 230071

印　　刷　安徽联众印刷有限公司

版　　次　2020 年 8 月第 1 版

印　　次　2020 年 8 月第 1 次印刷

开　　本　787mm × 1092mm　1/16

字　　数　120 千字

印　　张　9.75

书　　号　ISBN 978-7-5461-9233-8

定　　价　39.00 元

服务热线　0551-63533706

销售热线　0551-63533761

官方直营书店(https://hsss.tmall.com)

自 序

时光荏苒，白驹过隙。

作为一名在合肥高中教育一线深耕二十多年的老教师，我亲眼见证了这些年合肥教育的快速发展。而多年的教师和班主任工作经历，让我对教师这个职业有着一份特殊的感情。

二十多年来，我在承担教学任务的同时，还担任班主任，后来又担任英语学科主任。虽然很忙，也很累，甚至有一点儿倦怠，但是，当年复一年地看着一批批孩子从我的身边走过，我还是满心欣慰，因为我见证了他们的成长，陪他们走过了花季和雨季。

2017 年元月，合肥市王莉名师工作室在合肥市五十中学西区高刘分校成功挂牌。我带着我的工作室成员，长期活动在合肥市英语教研的最前线，始终在为合肥乃至全省的教师事业发展添砖加瓦、贡献力量，发挥了重要的示范引领作用。在此期间我还担任学校一个理科班的班主任，因此，我们工作室围绕班级管理也作了深入的讨论和研究。做了三年的班级管理和教学工作，班级孩子们的发展轨迹在我的脑海里变得越来越清晰。由此，我萌发了一个念头：写一本和孩子们高中三年学习生活有关的书——《爱满三年——高中班主任生活亲历记》。

整本书以 2015 年 8 月新生录取为起点，以时间为轴，以班级、年级部和学校发生的事件为线索，共包含 56 个片段，56 这个数字正是我担任班主任的31班的学生数。书中的片断,有的是教育故事的诉说,有的是我对教育的感悟,有的是家长对孩子的担忧,更多的是孩子们自己心声的流露——是他们对升入高中所感到的欣喜和困惑,对高中生活的渴望和期盼,以及对大学生活的向往和追求。书中还记录了我对教师这一职业的感悟和思考:作为班主任,根据多年的小组合作的班级管理经验,我创作了论文《探究班级微格管理模式,促进学生素养全面发展——以合肥市第六中学开展同伴教育活动为例》;作为英语学科主任,根据对英语学科建设的思考、对英语学科教师队伍建设的策略和实践,我创作了论文《构建多元研修模式促进教师专业发展——从合肥六中英语学科组为例》。

我曾经写过一篇题为《倾情廿七载,茉莉花儿开》的文章,是参加2016年合肥市最美教师评选的材料,我把它作为这本书的后记,既可以加深读者对我的了解,也算是对自己成长过程的一个总结吧。

本书95%的文字都是我自己心血的结晶。我在创作的过程中也得到了合肥市王莉名师工作室挂牌学校——合肥市五十中学西区高刘分校和工作室其他成员的鼓励和支持。本书中的部分文字和图片来源于合肥六中校园网。在此,我对他们表示衷心感谢。

另外,本书的出版得到黄山书社工作人员的大力支持。我代表工作室也一并向他们表示感谢!

王莉

2020.2.20

目录

1 一不小心又当了班主任

那是 2015 年 8 月 7 日，当时我正在东北师范大学参加合肥市教育局组织的学科带头人培训，突然接到年级部副主任的电话，要我担任新高一班主任，而且是竞赛班班主任。

回想自己从 1992 年大学毕业开始，就一直在合肥六中工作。其间，班主任工作也断断续续地做了十多年。刚刚送走了 2015 届学生，我本指望着可以长舒一口气，现在却又要被指定当班主任……

答应了年级部的工作安排后，我的脑海里一直在想象：接下来的三年，会是什么样的孩子们与我结缘呢？

过了没几天，新高一的分班结果出来了。竞赛班有两个，录取流程是孩子们到学校报到后，根据自己的意愿，报名参加选拔考试，学校根据考试成绩，自高到低录取前 110 名，然后把这 110 名同学按照“S”形排序，分成 2 个班（班号 31 和 32），由两个竞赛班班主任抓阄决定分别带哪个班。因为我无法到现场，就让年级部一个老师代我抓了一个。

我“抓”到了 31 班的班号。看着级部主任从网上传来 56 个陌生的名字，我浮想联翩，又满怀期待：他们会是什么样的孩子呢？我未来的三年又该如何和这些孩子们相处呢？

2

不经一番寒彻骨，哪得梅花扑鼻香

2015年8月31日，是我铭记在心的日子。在南区体育馆，一场隆重的开学典礼正在如期举行。坐在一群“绿娃娃”（我们班统一领了绿色的文化衫）中间，我的心和孩子们一样，对未来的三年充满了憧憬和期待。校领导的动员讲话，至今还让我记忆犹新。

我们每个同学从考入六中的第一天起，就要牢记学校“少怀壮志，锐意成才”的校训，怀揣梦想，给自己树立远大的目标。把自己的远大目标分成一个一个阶段性目标，用实际行动去完成一个一个小目标，最终实现大目标，实现三年后华丽的转身。

这里跟大家分享一个故事：山田本一是日本著名的马拉松运动员。他曾在1984年和1987年的国际马拉松比赛中，两次夺得世界冠军。记者问他凭什么取得如此惊人的成绩，山田本一总是回答是凭智慧战胜了对手。大家都知道，马拉松比赛主要是运动员体力和耐力的较量，爆发力、速度和技巧都还在其次。因此听了山田本一的回答，许多人觉得他是在故弄玄虚。10年之后，这个谜底被揭开了。山田本一在自传中这样写道：“刚开始的时候，我把我的目标定在终点线的旗帜上，结果当我跑到十几公里的时候就疲惫不堪了，因为我被前面那段遥远的路吓到了。后来，我改变了作战策略，每次比赛之前，我都要乘车把比赛的路线仔细地看一遍，并把沿途比较醒目的标志画下来，比如第一个标志是银行；第二个标志是一棵古怪的大树；第三个标志是一座高楼……这样一直画到赛程的结束。比赛开始后,我就以百米冲刺的速度奋力地向第一个目标冲去,到达第一个目标后,我又以同样的速度向第二个目标冲去。这样40多公里的赛程,被我分解成几个小目标,跑起来就轻松多了。”所以,我们应该像山田本一那样,把大目标分解成一个一个小目标,然后分阶段地去实现它。

我们每个同学都要实现从初中到高中的快速转变,这包括学习习惯、学习态度、学习方法、学习能力上的转变,还包括学习心理上的适应和转变。我在合肥六中曾经做过多次调查,结果表明:所有新生进入高中后会发现,高中学习跟初中相比有着明显的不同。概括地说,高中与初中在学习方面与生活方面都存在巨大差异,学生的高中学习生活面临巨大挑战。具体表现是:第一周,高中很多的科目刚开始的时候看上去都很简单,很多人都会觉得看一看就会了;第一个月,很多人也觉得没什么,只是数学、化学、地理有点难;第二个月,数学、化学、地理真难;第三个月,数学、化学不容易,物理是真的难;第一学期结束,同学们会觉得高中没有一科容易的,开始慢慢接受考试成绩在50分~70分之间徘徊的现实;在高一第二学期,同学们普遍反映物理难、数学难。即使是一些中考分数很高的同学,这些科目的成绩也都很差!更何况还有生物、地理等其他科目。

为了让大家主动、充分、健康地发展,学校为同学们搭建了各种各样的平台。一是表现在课程设置上,我们有必修课,有选修课,有竞赛课,有社团课,还有校本课程。从这学期开始,我们还不惜重金从美国引进一名外教,给大家开设美国文学课程。二是年级部为大家准备了《学生成长手册》,将记录大家在学习上的点点滴滴。大家会发现在学校的学习生活是幸福的,因为我们开展全员导师制活动,年级部所有的学科老师都是你们的导师,有什么问题,只要你肯问,老师都会及时给你满意的答案。学校将会在每个班级实施小组合作学习模式，在每个学习小组内，你们将实现同伴引领、同伴交流、同伴互助、同伴反思、同伴竞争，最终实现同伴成长和发展。三是充分发挥走读制优势。学校和年级部将紧密联系家长，发挥家长在学校管理中的作用，为大家的成长保驾护航！

同学们，不经一番寒彻骨，哪得梅花扑鼻香！今天，你们选择了六中，你们是幸福的。因为，我们是教育人，我们懂教育。我们是六中人，我们爱六中，我们更爱六中的每一位学生。今天，你们选择了六中，也就意味着选择了梦想和奋斗，选择了辛劳和汗水，选择了拼搏和超越！成功的道路就在自己脚下，美好的人生就掌握在每个人自己手中。在新学期的起点上，真诚希望我们2015级全体同学放飞自己的梦想，拼出属于自己的未来！

开学典礼结束，外面已经华灯初上，但我心里却满溢着阳光。

3 人是容易被感动的

当我对孩子们满怀期待的时候，孩子们对这个班级也是满怀期待的。在学生进班报到的第一天，我就要求他们把每一周发生在自己身边的一些难忘的人和事或者自己的心得感受用文字记录下来，然后以周记的形式交上来给我批阅。每周改 56 篇周记虽然是一件非常累人的工作，但每次读到他们时而俏皮诙谐、时而暖心感人的话语时，我的心也被他们触动了。

怀着无比激动的心情，在这个本子上写了第一行字。为什么激动呢？因为小学和中学的班主任都提过写周记，但是无一例外的，最终都以种种原因半途而废，若是真的可以持之以恒，那三年后定是一项伟大的工程。而我也是参与者之一，这实在令人向往。

首先呢，我想给老师打个预防针，除非真的是时间所迫，否则我的周记一定是“废话连篇”的。若是增加了您眼睛的疲劳负荷，那我深感抱歉。

因为是开学的第一周，所以琐碎的事也格外多，大致可以归纳为两个关键词：新鲜和斗志。

来到高中的新环境，新鲜感是肯定有的。经过一个星期，所有的任课教师已经与我们一一见面，他们都给我留下了深刻的印象。不管是语文庞老师，还是数学余老师，物理熊老师，化学马老师，生物陈老师，当然，还有我们的老班，英语王老师。真是一个比一个可爱，一个比一个优秀。

无论是军训、阅兵还是开学典礼，抑或是同学们的各方面表现，都透露着一股斗志。我们和老师、家长、学校一样都是雄心勃勃。经过一个星期的亲身经历，我越来越庆幸自己能被分在高一(31)班。首先，这里人才济济，知识渊博的人大有人在。怕既给了我压力，更给了我前进的动力。其次，淳朴的班风和浓厚的学风也会对我们以后三年的学习大有帮助。比如课后问问题这件事吧，以前我与老师的交流并不十分频繁，而现在呢，即使没有问题，我也会在讲台边倾听，不能不说这是一个很好的开始。

好了，就写到这儿吧，你大概知道我有多啰唆了吧，可合上这个本子，我还要继续为我的理想去奋斗呢！

我的未来在三年后的夏初。而这个秋初，梦想才刚刚起航！

4 青春飞扬，梦想起航

如果将开学的第一周比作比赛前的热身运动，那么从第二周开始，高中的学习生活就步入了正轨。我和孩子们每天的学习生活都是忙碌而充实的，大家都感觉自己像个上足了发条的机器，有目标，也有奔头。按照惯例，学生会开始在高一学生中招新啦。

对于高中的学生活动，很多家长是有误解的。在他们看来，孩子们到了高中就是学习的，不能因为学生会竞选耽误了学习，还误了前程。为了消除这种误解，我特意召开了一次主题班会，给孩子们分析社团活动对他们成长的重要性和意义。我告诉他们，参与学生会竞选能够锻炼自己的能力，学会与人沟通和交往，培养个人团队合作意识及领导才能，同时对于个人学业也有促进作用。毕竟，身为一名学生领袖，在学习方面也要起表率作用才行。如此一举多得的事，我们何乐而不为呢？

在我的鼓励下，班里两位同学参加了竞选，一个当选为学生会副主席，一个成为学习部部长。在毕业后的返校访问中，这两个孩子共同的感受就是，高中时期的社团和学生会经历对他们后来的大学生活而言，是一笔很大的财富。

5 薪火相传

9月10日，是属于老师的节日，每年的这一天，每一位教师的心里都是暖暖的。

2015年的9月10日，2015届当中一批还没有到大学报到的孩子们，早晨8:00就带着鲜花，重新走进他们曾经奋斗过的六中校园。大家坐在一起，围成一圈，回忆着他们过去三年的奋斗时光，畅想着他们即将踏入的大学校园。

为了鼓励刚入学的学弟学妹们，让他们坚定学习信心，我把其中几个优秀毕业生带到了教室，让他们利用课间休息时间跟学弟学妹们进行交流。这群孩子激情洋溢的演讲至今都让我难以忘怀。其中的一个孩子这样谆谆告诫自己的学弟学妹："你们要为自己感到庆幸，因为这里弥漫着学术气息，沉淀了辉煌的历史和记忆。每年都有无数优秀的学长学姐在这里完成了人生最初的梦想，展翅翱翔，飞往自己美好的未来……"

听着这些振奋人心的话语，班级的孩子们个个心潮澎湃。他们相信，他们会和这些优秀的学长学姐们一样，怀着热忱与梦想而来，努力奋斗，穿过风雨，最终让梦想照进现实。

6 因为“三一”，所以成“王”

这是31班班训，也是孩子们集体智慧的结晶。今年新校长有个新举措，要求每个班级制作一个班牌，把班级学生的合影、班级的课程表和任课老师名单，以及班级的班训都写在上面。孩子们特意开了一个班会，讨论怎么才能想出一个既朗朗上口又一鸣惊人的新班训。最后大家一致同意这八个字：因为“三一”，所以成“王”！孩子们的官方解释是：三一是班号，因为我们是31班，是竞赛班，就要为学校的荣誉而战，为自己的梦想而战，所以我们要成王。三一写在一起刚好形成一个“王”字，而“王”又是我们班主任的姓，所以“因为‘三一’，所以成‘王’”当仁不让地成了我们的班训。

听到这个新班训我很感动，感动于大家的奋斗拼搏精神，更感动于孩子们对我的认可和尊重。我总结说，这也许是一种巧合，但我认为“三一”可以更深层次地被解读为：大家通过三年的努力和拼搏，给自己画上一个圆满的句号。话音刚落，雷鸣般的掌声在教室里响起。

7 修身正心，从点滴做起

9月14日下午，我在班级组织举行了新学期第一次主题班会，本次主题班会以“修身正心”为主题，由第一互助小组同学策划组织，受到了同学们的一致好评。

首先，主持人程国庆同学从“修身凭正心”开讲，从正面引导学生了解“修身”的重要性。紧接着，他给我们呈现了本组同学利用电脑自制的两段简短的视频。第一段内容是一些诸如“上课睡觉”“课间打闹”“随地吐痰”等不文明、不符合中学生日常规范的反面事例，还有一些有关学习、生活、做人、做事等各个方面的名言哲理，正反结合说明了如何正确地做好修身。

接着，第一小组成员为大家分享了美国前任总统奥巴马在美国一所学校的高中生开学典礼上的演讲，让我们了解了奥巴马的学习经历，意识到努力学习不仅仅意味着对自己负责，对家庭、对祖国的未来我们都肩负着重大的责任，因此，修身正心很有必要，而且要从身边的点滴做起。

最后，李雅琳同学为大家演唱了一首《光阴的故事》，活跃了气氛。顾宇轩同学分享了自己积累的二战历史趣事，开阔了我们的视野。

整个班会活动过程中，同学们都认真聆听，静心观看，默默思考，教室里不时响起热烈的掌声，在大家的欢笑声中，31班第一次班会圆满结束。

会后，同学们纷纷表示收获很多。他们懂得了学习是自己的责任，学会了如何在生活和学习中调整状态和寻找方法解决问题，也懂得了怎样更好地和同学交往,知道了尊师重道的意义。同学们还表示,以小组为单位策划组织班会,使小组同学的能力得到了提高,特长得到了展示,突出了“小组”这个概念,强化了合作共赢意识,提高了小组同学之间的凝聚力,这对以后的学习和生活意义重大。

8 先说说周考

根据年级部工作安排，从开学的第三周开始，固定在周二和周四下午后 2 节课对学生进行学科内容测试，即“周考”。其中，周二下午固定考数学，周四下午根据需要，对除数学之外的语文、英语、物理、化学和生物这几门课进行轮流测试。

周考的目的就是对前一周或者前几周的内容进行常规性检测。年级部要求当天考完，当天晚上所考学科的教师必须集中阅卷，当晚 10 点之前，学生的考试成绩必须公布出来，其中还包括每一道题的难度系数、区分度，等等。

通过及时检测，及时发现问题，有助于老师及时调整自己的教学进度和教学方法，适应学生的学习需要，这是周考的作用和好处。但是任何事物都有两面性，周考也不例外。家长通过手机终端，当晚就可以看到孩子的分数，他们对分数的态度和反应也不一样，孩子考得好了，家长会激动得彻夜难眠；孩子考得不好，家长也会难受或者担忧得夜不能寐，甚至会和孩子产生冲突和矛盾。

针对这一现象，我及时在班级群里跟家长们沟通。我反复跟家长们强调要正确对待周考分数，告诉他们学校组织周考的目的是想通过考试发现老师教学和学生学习的过程中出现的问题和弊端，以利于后期改进。考得好并不代表就没问题，而考得不好也未必是件坏事。因为如果你及时发现了学习中的问题，马上着手解决，这反而有利于孩子后期的学习和进步。就这样，在我的及时沟通和劝导下，家长们和孩子们对周考成绩都有了很客观和理智的认识。所以，每次周考过后的第二天,都会看到很多同学围着老师咨询问题,很多家长来学校找班主任和任课教师询问情况,正如一个孩子在周记里所写的一样:把每一次练习当成考试,而每一次考试也就是一次练习。

9 接着说月考

好像是事先约定好的一样，国庆节过后，高中三个年级的学生都将同时面临一次成绩检阅：月考。

有的孩子把月考戏称为集中周考。这个戏称听起来有点道理，但也不全对，毕竟，月考比周考正式多了，不论是命题还是监考，还是到后面的成绩分析。

月考刚过，成绩还没有出来，我打开了孩子们的周记，他们这样写着：

高中的第一次段考已落下帷幕，尘埃落定。曾经我会在考完试后的那一刻为即将到来的结果而忐忑不安。而现在，我会平静地等待，无论前方是风雨交加，还是花海一片，我都会坦然面对，因为我尽了自己的力量，享受了过程，结果也就显得不那么重要了。

同以往的每一次考试一样，我对自己的发挥状况，有大致准确的评估。相较而言，物理、化学两科是我自认为不太满意的。因为我发现题目并不是自己在日常练习和复习时所接触和熟悉的。加之考试时那特殊的气氛，就觉得自己的心有些乱了。

尽管还可以使自己冷静下来，但还是出了些许瑕疵，不能不说是一个遗憾吧。可惜我是在交卷后才意识到的。出现这样的状况，到底是哪个环节出了问题呢？我现在也不好给自己下定论，只有等到试卷发下来，经过分析后才能对这些问题做个比较全面的总结吧。是知识掌握得不牢固，运用得不灵活，还是练习太少太生疏，还是复习时没抓到重点，等等。我会找到原因。虽然结果还未揭晓，但我有一点是确定的：这次的段考，我是有收获的。无论是成功的经验，还是失败的教训，我都会吸取，让它们成为我学习路上的垫脚石。我想这便是月考的目的所在吧。

在一次次的演练中，不断打磨、不断完善，最终才能在高考的沙场上一试锋芒。月考结束了，我却没有感到一丝轻松，更不敢有丝毫的懈怠。因为发现了自己存在的问题，才更能预见未知的前方有多少坎坷和困难在等候。

于是，偷偷改了孔老先生的一句名言，士不可以不奋进，任重而道远。但当我的笔尖滑动在纸上写下这句话时，我是微笑着的，感觉到心中有一股火焰在升腾着。相信明天，我就会在那苍穹之上展翅翱翔。

读着孩子们笔尖下流露的这些文字，我仿佛看见了那一个个稚嫩而又坚定的眼神。

10 家校共育，共促成长

忙忙碌碌的第一个月过去了。趁着国庆休息时间，我对自己第一个月的工作做了一个整理，起草了这份《致家长书》。

尊敬的________家长：

9月份是孩子高中生活的过渡期。在此期间，同学们也渐渐熟悉了新环境、新同学、新教师、新集体。但如何尽快调整学习状态和学习策略，形成适合自己的高中学习习惯，抢占高中学习的制高点，成了我们的当务之急，也是我们2018届学生高考成功的重要保证！

过去的一个月，我们主要进行了以下工作：1.修身正心，开展主题教育月活动；2.班集体组建，班规的建立及执行；3.静校制度的执行；4.通过早读培养学生主动学习的习惯；5.每周的段考检测，考后的有效反思；6.召开了各班学习委员和组长会议，督促《学生成长手册》的完成；7.完成了学生作业和笔记的检查；8.班级信息牌的制作……

严格的管理及各项活动的开展都是为了达到以下目的：1.帮助学生适应学校的学习环境和管理方法，走内涵式发展道路，促进自身全面、充分的发展；2.帮助学生适应高中阶段班级和学校激烈的竞争环境，学会如何记笔记、如何听课，养成良好的心理素质，树立切实目标；3.帮助学生适应高中课堂内容的强度，适应课程难度的提升，适应课堂教学的充实，适应知识的系统性和网络性；4.帮助学生总结过渡期的学习方法,养成学习习惯,不断提高时间的应用效率;5.帮助学生真正“入轨”,从学习的主动性、自觉性上真正成为一名合格的高中学生。

学习方法的改进和学习习惯的养成是孩子自身努力的结果。没有哪一种方法是适合所有学生的。不同学习能力的学生有不同的学法,改进学法是一个长期性的系统积累过程。一个人只有不断接受新知识,不断遭遇挫折,才会产生疑问;只有不断地总结,然后才能不断地提高。不会总结的同学,他的能力就不会提高。自然界适者生存的生物进化过程便是最好的例证。学习要经常总结规律,目的就是进一步发展。学生要学会通过与老师、同学平时的接触交流,逐步总结出一般性的学习步骤,包括制订计划、课前预习、专心上课、及时复习、独立作业、解决疑难、系统小结和课外学习等几个方面,以上可简单概括为五个环节(预习、上课、整理、作业、反思)和一个步骤(复习总结)。每一个环节都有较深刻的内容,带有较强的目的性、针对性,要落实到位。

信的内容虽然不多,但都是我对家长的期待和希望,希望他们能够理解和支持我所做的这一切工作,家校合作,共同努力,一切为了孩子。

11 考与思，实现身份的转变

时光荏苒，岁月如梭。很快，半个学期过去了，期中考试悄然而至。

为了保证期中考试的有效性和权威性，学校首先在试卷的命制方面实行了考教分离，也就是通常所说的交叉命题，即高一老师命制高二试卷，高二老师命制高一试卷。另外，为了加强试卷的保密性，在试题出炉前，学校还在某个地方对所有命题教师进行封闭式管理，集中对试题进行打磨。这样做的目的就是为了让考试成绩能够真实反映出半个学期以来班级各学科的整体状况，真正达到检测的目的。

期中考试后，会有一场家长和班级任课教师的见面会，也就是家长会。家长会围绕自己孩子的问题跟老师进行沟通。每一次家长会之前，我都会精心准备，分析数据，查找问题，找出解决方法。而每次家长会上我都会提醒家长先跟孩子交流，根据孩子反映的情况再跟任课教师见面沟通。最好在见面前先预约一下，这样沟通会更充分、更深入，有利于孩子后面的发展。

在家长会后，我会组织孩子们在周记本上写下个人的反思。有的孩子这样写道：

期中考试真把我考醒了。原来初中那一套学习方法，到了高中真不行了，看来课前还真的要预习，否则，一天八节课下来，实在受不了。

在每次写作业之前，要好好地把学过的内容复习一下，然后再做作业，这样巩固的效果会更好。

随着课程内容的增多和难度的加深，我觉得时间不够用了，要做好每天的时间管理，一点儿也不能马虎。

要给自己一个时间表，尽快适应高中学习的节奏，尽快实现从初中向高中的转变。

看了孩子们的反思，我突然发现这群孩子渐渐成长起来，行为和规范越来越像高中生了。

12 全面诊断反思，奠定学习基础

10月13日下午4:00,南区体育馆熙熙攘攘,人头攒动。来自高一的全体家长聚集在一起,聆听着学校领导题为《全面诊断和反思,努力奠定高中学习的基础》的讲话。

高一学生进校一个多月来,通过高一全体班主任的严格管理和任课教师的悉心指导,整个高一年级部呈现出一种喜人的局面。学生精神面貌好,学习状态佳,各方面都取得了长足进步。当然,也存在一些不尽如人意的地方,如学生学习方法还不够科学,学习缺少主动性,在各方面的要求还不是很严格,等等。所有这些,都有待于全体高一师生共同努力,更上一层楼。

从学校层面来说,学校要求各项工作措施要精,精在任务具体、准确;还要求措施要细,细在办法具体、准确,细在主题明确。如开学一个多月来,午餐错时、班级信息牌、周测、午间静校、校本课程、全员导师制、同伴教育、精准的成绩分析、多样化的学情问卷调查、集体教研等活动能够扎实有效地开展,得益于高一年级部这个有力的管理团队,他们不仅经验丰富,而且高效务实,能把各项工作做得细致规范,还得益于高一年级部有一个优良的教师团队,他们敬业精神强、业务水平高、工作执行到位。如从开学后的第二周起,他们就对数学、英语、物理这几个科目实行了周考,并在当天晚上进行网上阅卷,第一时间把成绩告诉任课教师和班主任,也让学生从周考的结果中发现自己在每一周学习中存在的问题,不断改变自己的学习行为。

此次考试,暴露出学生在学习上的问题。主要表现为:一是没有完全进入学习状态。二是学习被动。三是眼睛勤、手却懒。四是学习杂乱无章,没有规律、无计划。五是不会科学利用时间。六是不会听课。七是学习方法不对,死记硬背。八是抓不住重点和难点。九是不能形成知识结构。

后面要做好四个反思。一是以学科教研组为单位的教师反思。二是以组团为单位的班主任反思。三是以班级为单位的学生反思。四是以家庭为单位的家长反思。

家校共育的新篇章已经开启,整个校园弥漫着智慧,满溢着力量。

13 立规矩，养习惯，高考竞赛两手抓

既然是竞赛班，文化课的学习只是一个方面，竞赛学科的培养也必须进入日程。在期中考试过后的班会课上，我围绕竞赛工作做了两件事情。一是请学校竞赛教练给孩子做动员。竞赛教练只给同学们说了三点，但是言简意赅，字字珠玑。

> 第一点，要树立一个目标。就像我们的班号31一样，咱们班每一个同学要经过三年的努力，上一所心仪的大学；第二点，大家既然选择了竞赛班，就要完成两项任务，一项是竞赛，一项是高考；第三点，在今后的学习生活中，大家要处理好三种关系：一是竞赛学科和高考学科的关系，二是文科科目和理科科目的关系，三是高考学科和非高考学科的关系。这对每个同学都是一次考量，一次历练，光有热情不行，要坚定信念，要锁定目标，要有一股咬定青山不放松，任尔东西南北风的精神，把三年高中路走得稳健，实现人生的一次飞跃和蜕变！

我做的第二件事就是向同学们推荐清华北大学子高效学习的七大习惯。

一是积极主动——态度决定一切。积极主动的习惯代表着立即采取行动，从自我做起，从现在做起，同时还代表着你必须为自己负责。

二是以终为始——事半功倍的学习法则。所有学习活动都要经过两次创造，先在心中构想，然后付诸实践。第一次创造是心智层面的，

第二次创造是实际行动层面的。

三是要事第一——实现高效学习的永恒法则。面对日益繁重的课业负担,日益激烈的竞争压力,什么是第一要事?我们必须作出选择。第一重要的事是那些我们自己认为最有价值的事情,我们要时刻把它们放在第一位,以免被感觉、情绪左右。

四是双赢思维——千金难买三人行。读书使人头脑充实,讨论使人明辨是非。“独学而无友,则孤陋而寡闻。”合作学习、讨论学习是一种重要的学习方式,互相激励、互动启发是最重要的。

五是知己知彼——和谐发展的保障。学习生活的实质是一种合作交流,老师与学生的合作交流,同学与同学的合作交流,教材与师生的合作交流,要想在合作与交流中占得制高点,必须做到知己知彼。

六是统合综效——创造奇迹的选择。两个互相合作的人所形成的潜力会使学习的效率成倍提高,也就是说一加一大于或者等于三。

七是不断反思——高效学习是不断进步的源泉。锯子用久了会变钝,锯齿不再能锯断木头。学习本身并不能带来面对未知的未来时的安全感,只有具备良好的思考、学习、创造与适应能力,才能立于不败之地。

真心希望孩子们能改掉自身浮躁的毛病,潜心为学,静心坚持。

14 运动中，我们经历成长

日子在忙忙碌碌中悄然而过，一转眼就到了11月份。金秋时节，秋风习习，我们迎来了合肥六中第44届秋季运动会。在阳光的照耀下，红旗飘扬，运动会开幕式正式开始。各班排成整齐的方队，踏着统一的步伐，以饱满的精神状态经过主席台。同学们目光坚定、气宇轩昂，向学校领导们展示了他们青春蓬勃的面貌。

在校长致开幕词后，一群精神抖擞的校武术操队成员，在主席台前表演了武术操。只见他们静若伏虎，动若飞龙，缓若游云，疾若闪电，动作稳健又潇洒，使在场的每一个人热血沸腾，情绪高昂，急于投身于赛场，挥洒汗水，表现自己别样的风采。接着，拉拉队队员们在轻快活泼的音乐声中，舞动着她们青春活力的身姿，挥舞着手中的彩球，拉开了运动会的序幕。

在男子短跑100米的比赛中，我们班的金霄同学获得了全校第一名的好成绩。在比赛中，他心中坚定的信念，脚下沉稳的步伐，都告诉着我们一个不变之理：只有冲刺，才有突破，成功才会在终点冲着你招手。去迎接终点的鲜花与掌声吧，31班的运动健儿们，相信成功一定属于你们。今天你们是六中的骄傲，明天六中看你们创造辉煌。

运动场上，运动员们勇敢拼搏，为班级赢得荣誉。而场下也有一群身影，在默默地付出。他们不为鲜花，不为掌声，他们穿梭在同学之间，为同学们服务。同学们从赛场归来时，他们不忘递上水杯；同伴们比赛失利时，他们不忘上前给予安慰；老师辛苦忙碌后，他们不忘递上水果。他们有着螺丝钉般的精神，身为后勤人员，他们不负己任，发挥着不可替代的作用。

第一天的运动会在日暮中缓缓落下帷幕。每一份耕耘都会有一份收获,每一次的痛苦都是快乐的开始,每一声呐喊都是力量的呼唤。我们有着大浪拍岸的豪迈,所以不必在乎小荷初露的恬静,我们有着春日的阳光明媚,所以不用去羡慕冬日的乱琼碎玉。运动场上的健儿,掌声属于你们,鲜花属于你们,成功也属于你们!

15 运动中，传递一份能量

尽管天空淅淅沥沥地下着小雨，同学们依然兴致勃勃地继续着昨天的赛事。随着天空的放晴，男子4×100米的比赛如火如荼地展开了。一声枪响，只见第一棒的顾同学如离弦之箭般冲出，默契地将手中的接力棒交给了第二棒王同学，在大家的欢呼加油声中，第三棒梁同学成功接过接力棒。最后，第四棒金同学以惊人的爆发力冲向了终点。一根小小的木棒，连接的是团结和友爱；一根小小的木棒，传递的是勇气和力量；一根小小的木棒，演绎的是奋斗和拼搏。这是速度与激情的接力，这是期望与祈盼的接力，时间在这里凝固，几分几秒也变得如此漫长。虽然未夺得第一，但他们仍是我们心中的英雄。

在另一个赛场上，曹同学在为跳远做准备。在离弦箭似的助跑后，他奋力跃起，引起阵阵欢呼，落地的瞬间，脚触到柔软的沙，印下了属于他的距离。此刻的跳跃或许只是生命短暂的一瞬，却如昙花一般绚烂地绽放。选择跳跃，选择呐喊与欢呼交织的舞台，运动的律动生生不息；选择跳跃，选择汗水与泪水浇灌的沃野，生命的绿草丰茂浓密。他以自己的力量，为班级夺得了荣誉。

巾帼不让须眉，在我们班的左同学和谢同学身上得到了完美的诠释。在400米跑的比赛中，左树亭同学力压群雄，成功夺得第一。面对着蓝色的天空，金色的阳光，绿色的草地，红色的跑道，勇敢的她，坚强的她，自信地奔向终点。而谢同学面对着漫漫长路，选择了坚持到底，尽管承受着体力与精神的压迫，可她的脚步却从不停歇。纵然得不了桂冠，可坚持到最后的她，赢得了全场的掌声。虽然路途遥远，但她们从不放弃，用坚持、用汗水，谱写了运动会上最美的篇章。

运动会展示了学生的青春风采，它锻炼的是体力，团结的是同学之间的情谊，弘扬的是个性和青春活力，收获的是笑脸和精神风貌。同学们在比赛中寻觅了更多的光彩和梦想，在比赛中创造了更多的美好和辉煌。此次的运动会，将会成为他们高中生涯中一抹绚丽的色彩！

16 科大博导面对面，共话载人航天梦

10月14日下午，合肥六中南区迎来了一批特殊的客人。他们是中国科学技术大学王永教授，中国科学技术大学招生办的两位负责人和九三学社省、市工作人员。在和学校党委书记、校长封安保进行简短的交流后，王永教授来到综合楼四楼学术报告厅，给选择大学课程的同学们作了题为《月球探测与载人航天》的科普报告。

课堂上，王永教授用丰富的图片资料和娓娓动听的语言，从中国古老的神话如嫦娥奔月讲到人类探索月球的过程和探索太空的光辉历程，从人类月球探测与载人航天的历史、现状、研究成果讲到未来努力的方向。王永教授和蔼可亲的容貌，生动幽默的语言，拉近了神秘的航天事业与孩子们的距离。同学们都被孙悟空腾云驾雾、嫦娥奔月、万户飞天等小故事深深地吸引着，很多学生还认真地做了笔记。王永教授的精彩报告使在场的每位同学受益匪浅，报告现场不时响起大家欢快的笑声和热烈的掌声。

在高中学校开设大学课程，是对校本课程开设的一次尝试和全新解读。这次报告让同学们了解到更多的中国航空航天事业的发展进程，不仅激发了他们对科学探索的浓厚兴趣，更唤起了同学们的爱国热情和民族自豪感，增强了他们的责任感和使命感。

通过跟大学教授零距离接触，同学们不仅仅学到了知识，更为未来的大学生活打好了铺垫，做好了准备。

17 让青春之花在安全的沃土上绽放

对于高中生来说，紧张的学习无疑占据了生活的一大部分，但学生安全仍然是需要我们着重关注的问题。为了引导学生更好地保护自己，我班组织了一次主题班会。首先，全班集体学习了学校组织编写的《学生安全防范手册》，对其中有关自我保护的内容进行了分组讨论。尤其是课堂教学中的安全防范以及运动区的安全要求，引起了大家的普遍关注。同学们积极反思：在之前的课堂上、运动中，有没有达到保护自己的要求？有没有留下安全隐患？经过学习后，同学们能够更好地牢记安全防范的标准，践行安全防范的要求。

接着，我安排了几位同学结合自身实际谈谈学生安全的具体内容。爱好运动的王同学分享了运动前的正确热身方法、锻炼身体避免损伤的原则以及如何既安全又有效地运动的经验；曾经受过伤的李同学以自己为例子，讲述了不遵守安全规则的危害，让同学们得到了更直观的感受；骑车上学的金同学结合自身实践，谈了谈上学路上交通安全的注意事项；汪同学介绍了长途交通安全；班长宫同学结合自身在家庭生活的实际，谈了对家庭消防安全问题的认识。同学们从校园安全、校外安全、家庭安全等各个方面充分阐述了自己的理解，让安全意识更深入人心。

青春之花正灿烂美好，别让它在风雨中过早地凋谢。学习学生安全要求，从现在做起，保护自己，注重安全，让青春的花朵在安全的沃土上开得更加鲜艳，让青春不留遗憾。

18 谈谈同伴教育

所谓同伴教育，就是利用青少年的趋众倾向，利用同伴压力的积极因素对青少年进行教育的方式。同伴教育通常先对有影响力和号召力的青少年(同伴教育者)进行有目的的培训，使其掌握一定的知识和技巧，然后再由他们向其周围的青少年传播知识和技能，甚至向更广泛的范围传播，以达到教育目的。在我们的生活当中，人们通常愿意听取和他们年龄相仿，知识背景、兴趣爱好相近的同伴、朋友的意见和建议。青少年更是如此，特别是在一些敏感问题上，青少年往往能够听取或采纳同伴的意见和建议。

了解了同伴教育的意义和作用，接下来就是具体操作如何建立学习小组的事情了。我主要从两个方面入手。

一是对学生进行分层。根据学生的学习能力(综合考试成绩、日常学习态度、行为表现、发展潜力等多方面因素，以学习成绩为主)，依总成绩S型排位方法，将全班学生分成均等的A-G共7组，由各组组长按S型顺序抽选8名组员，在抽选的时候要考虑到性别搭配、性格搭配和学科均衡等因素。一个学习小组确定后，不是一成不变的，必要的时候可以根据具体情况加以调整。组内由组长选定一名负责任的组员担任副组长，协助组长开展工作。

二是对小组活动提出要求。首先是确定主题，进行讨论。讨论前，组长让每一个组员观察、猜想、实验、分析，在教材上圈、点、批、划，去探究问题、解决问题，做好高质量的自学和独立思考，通过组内自我展示，充分展示学生思维及内容掌握程度，实行“兵教兵”。任课教师也要参与到小组讨论中去，为下一步展示作准备。其次是展示与评价。每组轮流安排一位展示成员，展示方式可口头可书面，但要完整、简洁、规范。展示要突出重点难点、规律方法以及疑难问题。有一题多解的情况时，要鼓励其他小组积极展示。不展示的同学要认真倾听，并迅速记录或纠错。

这样做的目的，就是希望孩子们能够通过互相磨合，达成精神上的共识，形成良好的团队精神和协作能力。

19 小组合作，共同成长

孩子们对小组学习的方式是非常认可的。请看看他们自己在班会课上的交流发言吧。

同处一个集体，同在一个小组，我们共同学习，我们共同进步。为了目标，为了信念，为了理想，不懈追求，不断努力，勇于拼搏，那么成功就在不远处。

在我们组中，每一个人都有自己的特长，每个人都会尽自己所能发挥优势，将自己优势学科的学习经验传授给组内其他成员。因此，每个人都会受益匪浅，在接下来的学习中我们能够借鉴成功经验，保持优势学科的领先地位，补缺补差，获得成绩的提高和个人的全面发展。在组里，每个人都是领导者，每个人都有优势。同伴引领，助我们进步！

交流，顾名思义，就是互相沟通的意思。在我们组中，交流彼此的学习经验是每天都有的事。感谢年级部给我们的导师制作手册，虽然“学生跑断了腿，老师磨破了嘴”，但结果就是我们能互相交流其他组员的问题，弄清一些自己此前可能不明白的问题。唯有交流，我们才能明白一些道理，懂得一些知识，弥补一些不足，共同进步。交流，重在坚持。相信通过持之以恒的交流学习，我们会在学习中更上一层楼。

互助，意味着我们在组内应该互相帮助。互相帮助，可以找出自己的弱点，并且得到组内其他同学的建议，便于解决一些自己无法解决的问题。在我们组，每一个人都善于帮助别的组员，这使得我们组有一个良好的学习氛围。每个人都不惧怕问问题，因为每一个人都时刻准备好帮助其他组员。我们组热火朝天地互相帮助，源自于我们都有统一的目标。互相帮助就像船桨，是我们扬帆远航的保障。

期中考试，我们小组有一名同学考了班级第3名，和第2名只有1分的差距。我们小组的第一名是年级第58名，而且通过我们的努力，我们已经摆脱了落后的地位，小组实力比较平均，正在稳步前进中。反思是进步的源泉。有了反思，才可以发现自己的不足，才可以想办法去改正，以便于下次进步，以便于在未来的时间里做得更好。大家一起反思，也可以从别人的反思中得到一点启示，也有助于自己进步。

时间在飞速地流逝，我们也在一点一点成长。此刻，我们是同一个小组中的兄弟姐妹；未来，我们都将是祖国的发展动力。因此，对于现在的我们来说，怎样做，将来才能更好地发展？答案只有一个，那就是现在努力学习，为自己的未来而读书，为祖国的未来而读书！对于一个国家来说，发展是头等大事。但是对于一个人来说呢？一个人的发展固然重要，但是脱离了同伴，这个人永远都不会成为一个顶天立地的成功的人。而同伴一直都在，他们默默地帮助着那个人。这样，那个人才能得到真正的发展，与此同时，那些帮助过他的同伴也在进步，也在发展。

经过分组，我们8个人走到了一起，形成了高一(31)班的第7小组。平时的学习生活，点点滴滴都是由同伴引领、同伴交流、同伴互助、同伴反思和同伴发展五个方面组成。我们组内每一个人的进步，都离不开任何一个组员，都是每一个组员的功劳。我们就像一个整体,共同驾驶着一艘名为“未来”号的轮船。我们齐心协力,乘风破浪,一起向远方前进。我的未来我做主!

听着同学们热情洋溢的发言,我深感欣慰,同伴教育的信念已经深植于他们的内心。学习小组内的每个同学已经把自己当成团队内不可或缺的一名成员,在课堂内外,他们无时无刻地不在互相交流、碰撞、反思、发展,共同朝着美好的未来前行。

20 韶华不为少年留，待与青春斗长久

为了加速青年教师的专业成长，学校要求学科主任组织参加青年教师座谈会。在跟青年教师的交流中，我感受到了三个关键词：责任、成长和生活。

十年前的9月，我走上了三尺讲台。如同很多新入职的老师一样，那时候我的心情更多的是激动和期待。但如今，我们在座的每一位老师，包括我应该都能深深体会到，教师的工作承载了太多的责任和辛苦，仅凭新鲜感或者安于现状的稳定感，是远远无法胜任的。每一个普通人，在自己普通的岗位上，做好自己的本职工作有着非常重要的意义。无论是社会中多么不起眼的角色，只要具有高尚的人格、崇高的操守，我们的社会也会因此而变得更好一些。更何况教师扮演着培养人的角色，更应如此。确实，在我们的社会，教师被无故地赋予太多的责任，但也因为这些所谓的负担，我们自己很多时候也不自觉地更加自律。在座的都是80后和90后，我们这两代人曾经备受争议，曾被贴上莫名的标签。但是现在我们用行动证明了80后90后也是具有担当的一代人。虽然我们有升学的压力，有成绩的压力，但在我看来，平时的事无巨细，更多的是出于内心的一份无法推卸的责任，而绝非是满足个人的虚荣心。所谓“不要人夸好颜色，只留清气满乾坤”，因为我们面对的是这个世界上最单纯的一群人，我们没有理由松懈。热爱学生、对学生负责，是一个教师最重要的品德。有这样一句话，“爱自己的孩

子是人,爱别人的孩子是神”。作为一名教师,就要把学生当作自己的孩子或弟弟、妹妹一样,真心实意地为学生的进步和成才着想。这是职业所要求的,也是教师这个光荣称号所要求的。

专业成长是每一个青年教师最主要的任务之一。这一点也是我一直在追求的。每一位年轻教师,在成长过程中都会遭遇困境,包括因为课上得糟糕而感到沮丧,因为被家长误解而感到委屈,因为学生的淘气而感到气馁,特别是学生不肯学、学不好时,我们常常会手足无措,失去信心。每当回顾自己成长的经历,我都会深深地感恩。我感受最深的就是学校的青年教师培养工程。学校领导高度重视并关注青年教师尤其是新教师的成长,为了全面提升青年教师素质,促进青年教师专业成长,坚持“青年教师导师制”,发挥老教师的“传、帮、带”作用;学校还积极创造条件,鼓励并支持我们参加校内外各种教学观摩和青年教师讲课比赛,积极吸收青年教师参加教育科研工作,为提高我们青年教师的业务能力和科研水平,搭建了一个又一个的平台,帮助我们青年教师迅速成长。这种成长是快乐的,因为在这里,我们可以感受到领导的温情关怀;因为在这里,我们认识了一群志同道合、真诚相待的同事。和他们一起工作,我们提高的不仅仅是业务水平,更有为人的气度和胸襟。

拿我们英语组来说,真的有太多太多正能量的指引。我一直觉得身在英语组是件很幸福的事情。老教师们率先垂范,处处言传身教。每年高三复习阶段,最难的任务、最大的复习专项永远是老教师们在牵头把关,从来没有一点推辞;他们的课堂随时向我们敞开;他们可以牺牲任何休息时间为我们答疑解惑;任何一次青年教师的校内或者校外公开课,他们都不厌其烦地一遍遍打磨。王莉老师、周红老师,等等,总是在适当的时候给我们最需要的关心和指导。除此以外,还有杨良杰老师,虽然早已退休,杨老师还是会经常带着他的谜语和读书笔记到英语组走动，和大家猜谜，分享他的读书心得。很多时候，他甚至会把他看过的宝贵书籍送给大家。李大忠老师，提到他相信英语组每一个人都对他充满了敬意。李老师对英语组的青年教师耳提面命，悉心教导，点点滴滴，一丝不苟。李老师甚至会就一点点的细节和王莉老师电话讨论，治学态度之严谨，值得所有人学习。

所有的这些，对英语组每一位青年教师的影响极为深刻。身在一个充满关怀的环境里，我们没有理由懈怠。身边有太多太多的好人好事，告诉着我们，要努力，要善良！六中很多代的前辈积累了优良的传统，我们这一代人需要的是传承和发扬这种精神。六中是我们青年教师成长的摇篮，她使我们由懵懂走向成熟，使我们脱胎换骨。所谓成长并不是说每一位青年教师都能成为学科中的佼佼者，但是我相信每一位青年教师都能在本学科里找到属于自己的角色！

工作与生活是相互影响的。我们也许常常会因为忙碌繁琐的工作而影响心情。可是坏情绪会影响自己，影响家人，也会影响工作。工作是为了生活，生活却不仅仅是为了工作。只有在快乐的工作环境里，追求幸福的生活，让工作更富成效，让生活更显精彩，才是我们每个人的终极目标。处世、处事的关键还是在于我们自己的态度，摆正自己的位置，端正自己的态度，正确地对待工作和生活中的压力和问题，调整好心态，采用适当的方法解决，才能发挥潜能，实现自己的人生目标，感受人生价值，享受工作成果。这一点，尤其想要和在座的年轻的爸爸妈妈们共勉，和未来的爸爸妈妈们共勉！

从这些教师的发言中，我感受到了青年人的激情和力量，感受到了他们“韶华不为少年留，待与青春斗长久”的决心和意志。

21 生命在于运动，奔跑永不止步

近年来，我国青少年的运动量严重不足，青少年体质的普遍下降已经成为了刻不容缓的社会问题。所幸，越来越多的人意识到了增强青少年体质的重要性，开始鼓励更多的青少年积极加入到体育锻炼的队伍中来。在这样的背景下，年级部开展了“运动与健康”的主题黑板报评比活动。

本次黑板报的主题为“运动与健康”，旨在唤起大家对运动的重视和热情，自觉地加强体育锻炼。大部分班级都能认真对待，交出了各有特色的板报作品。有的班级将本次板报和运动会联系起来，贴出了运动会的精彩照片；有的班主打奥运主题，Q版“傅园慧”栩栩如生；有的班以预防疾病为切入点，从独特的视角倡导运动与健康。

各班的板报作品都有自己的特点和优势，或是精美的配图，或是俊秀的粉笔字，或是创意十足的排版和小细节，让我深深体会到了“高手在民间”的含义，为六中学子的才华所倾倒。黑板报就是这样，不仅能够起到宣传、引导的作用，更能够丰富班级生活，给予不同类型的人才尽情展示自己的机会。

生命在于运动，我们永不止步。奔跑吧，少年们！

22 考前倡议书

转眼间,期末考试在即,为了做好后期工作,我和班级团支部、班委会进行了充分讨论,最后由团支部书记起草,给全体家长写了一封倡议书,全文如下:

各位家长,在孩子的成长和教育中,学校、家庭和社会是三位一体的。我们的教育离不开家长的支持。我们的目标是孩子在六中的三年,是健康的三年,充分发展的三年。

第一,要相信学校,相信老师。合肥六中在整个合肥市的中学中处于龙头地位,这是毋庸置疑的,任何人也别想打败我们,除非我们自己。客观地说,抓起始年级是非常辛苦的,因为学生们要经过一段时间的摸索和总结,才能走上加速发展的快车道。但是我们高一年级有非常科学合理、严格规范的教育教学管理制度,特别是本届老师刚刚积累的一届极其成功和宝贵的教育教学管理经验。更为重要的是我们有一批特别能吃苦、特别能战斗、特别能奉献的教师队伍。

第二,要正视孩子们成绩的变化。自本学期开学以来,已经进行了一次联考和四次周考,每次考试成绩都会有一定的变化。但是,我们没有必要有太大的心理负担,特别是我们学生家长,因为我们的一举一动都会潜移默化地影响孩子。如果我们家长心理压力太大,乱了阵脚,那孩子也必然会乱了阵脚,这样只会把孩子推进失败的火坑,这一点必须引起我们家长的重视。对于每一次考试，关键是分析好进步、退步的原因，分析成功、失败的经验，下一步应该采取哪些措施，应该如何做。我们虽然要重视考试的结果，但更要重视学习的过程。和孩子一起制订合理的奋斗目标，然后和孩子一起努力。

第三，相信孩子，鼓励孩子，做孩子坚强的后盾。学生之间的竞争是激烈的、残酷的，孩子在学习过程中，会遇到这样或那样的困难、挫折，面对成绩退步或屡次的停滞不前，孩子们需要倾诉、诉说，而父母就是孩子们的主要倾诉对象。这时候，我们要学会倾听，孩子将他们的想法说出来后，可能也就没事了。面对孩子的退步，不要一味地批评、指责，和孩子形成对立关系，打击其信心，甚至破罐子破摔，我们要尽可能科学地把握好表扬和批评的艺术。每次孩子回家，我们无论多么忙，都要尽可能抽出时间和孩子进行开诚布公的交流，询问他在校的情况，成绩如何，生活如何，查找不足。在家庭中打造书香底蕴，构建和谐环境。当然，我们对孩子的教育，也要给孩子以底线，一名合肥六中合格学生的底线。只有严格管理，仔细监管，讲究方法，孩子逃避的借口才能少一些。

第四，重视孩子的心理健康，多做积极的暗示，帮助孩子以一颗平常心去对待学习。对孩子应该严格要求，不能用成人的眼光来看孩子的学习生活。俗话说"没有吃不了的苦"，要对孩子做好吃苦教育、拼搏教育。引导孩子先关注思想上的需求，再关注物质上的需求。面对孩子的成败要做到不大喜、不大悲，坦然面对，从容不迫。至少当着孩子的面，不能表现出焦虑、无望，因为焦虑和无望只会导致孩子丧失信心，手忙脚乱。孩子考试，很大程度上也是在考家长。家长要帮助孩子树立自信，强化自信。

第五，要尽量避免外界的干扰。高一开好头很关键，"良好的开端是成功的一半"，它会影响、改变孩子一生的命运。家中的琐事尽可能不要告诉孩子，以免影响他们。学习如逆水行舟，不进则退。此外，家长要及时与老师交流，尤其是班主任。一个班 50 多名学生，有时老师真的是照顾不过来，家长不仅自己要经常和老师联系，而且也要让孩子主动找老师，通过及时的沟通、反馈，才能摸清孩子们的真实脉搏，才能对症下药，才能让孩子得到提高，不断进步。

最后，请您配合班级做好期末各项工作。在此，衷心希望能够得到各位家长的大力支持，支持我们的孩子，支持我们的老师，支持我们的学校。我们有理由相信，在我们的共同努力下，2018 年的高考，我们一定会取得前所未有的好成绩。谢谢大家！

倡议书发下去后，收到了家长们积极的反馈。我们来听听他们的声音吧。

能成为 2015 级的学生是幸运的，家长和老师也是幸福的。7 月 25 日，在孩子来学校领取录取通知书的那一天，除了拿到学校印制的《合肥六中三年教育教学规划》外，我们还认真聆听了学校领导所作的题为《跨过第一道“坎”》的报告。学校领导从初、高中学习和生活的过渡衔接谈起，从认识初、高中的学习差异、培养适合的学习方法、逐步确定发展目标以及重视培养思想、心理等综合素质等方面展开，作了深入浅出的介绍。在提到学生的发展目标时，学校领导尤其强调高中阶段的“五个时期”，过渡期要走好，进入适应期要找到适合的学习方法，迈入积累期要学会理解、积累与运用，走向复习提高期要厚积薄发，奔向冲刺期要有所突破。

班主任各项工作开展得都非常成功，不搞形式主义，不摆花架子，更不走过场。整个班级的老师都凝心聚力，积极发扬团队精神，充分挖掘课堂内涵，在学习上对学生培优辅差，注重对学生其他智能的开发，力求让学生在各项竞赛中也能取得好成绩。

虽然是一段段朴素的语言，但却表达出了家长们对学校的关心和关注，也体现出了家长对学校和班级工作的认可和肯定。我前面所作的一切努力也就值得了。

23 孜孜不倦求学路，北大清华励志行

假期来了，其他班的孩子们都可以轻轻松松地过个春节，养足精神，然后精神抖擞地投入到新学期的学习之中，但竞赛班的孩子们可没有这么轻松，他们还要继续参加各类竞赛班课程辅导。他们去了首都，到北京大学、清华大学，去进行属于他们的高校励志行活动。孩子们在周记里这样记录着他们的收获和感想：

相聚时日的点点滴滴似乎还在脑海中回响，而我们却已经踏上了回肥的旅程。忘不了每次上课前那些简短的交流和会心的微笑，忘不了课堂中记录的那些密密麻麻的文字和符号，忘不了课后校园操场上的散步与讨论……

我们清晰地记得那么多美好的细节，以及每走一步就多收获一份喜悦的心情。五天四夜的旅途，让我们完成了一场与北京的亲密接触。我相信，那些不一样的记忆，会一直深深地印在我们的心底，变成青春永不褪色的纪念。

五天四夜转瞬即逝，一起的日子还历历在目。感谢当下，谢谢你们的包容与鼓励，让我走出一开始的紧张与生疏；谢谢你们的关心与配合，让我的辛苦有了动力和意义；谢谢你们闭营联欢上的呐喊，让我的心暖暖的，眼湿湿的；谢谢你们的肯定与不舍，让我充满了被爱的幸福感。也许在这么短的时间内，我不能完全叫出每一个人的名字，但是请相信你们的每一张笑脸我都是铭记在心的，是

你们陪我一起成长与进步。

青春的我们走入了清华，
青春的我们进入了北大，
青春的我们，
在这里许下青春的心愿，
青春的我们，
在这里得到青春的感悟，
和那些瞬间留下的、最美的记忆。

24 新学期开启新希望，新征程承载新梦想

迎着清晨的第一缕阳光，我们又回到了美丽的校园，开始了新学期的征程。心中多了一丝期盼，多了一丝热切，更多了一种对于美好梦想追求的信念。是的，我们离高考又近了一步！这前进的每一步，都离不开我们每个人的刻苦与努力，离不开31班团结一致、勇敢前行的决心和意志。

俗话说"良好的开端是成功的一半"。在开学的第一天，在窗明几净的31班教室，我们召开了新学期第一场班会。

首先，作为班主任，我作了热情洋溢的讲话，言语中充满了对我们班级全体同学的期待与信任，句句都说进了同学们的心坎，同学们欢笑声不断，却也受益匪浅。

紧接着，我让每个学习小组的组长上台发言。这些组长们可以说是班级的支柱，他们带领的各个学习小组，就像一艘艘的小船，航行在知识的海洋上。作为船长，他们必须和船员们一起，稳固地扬好每一帆，才可以使31班这个舰队乘风破浪，所向披靡。组长们各抒己见，有的说要韬光养晦，厚积薄发，并找准自己的位置，无论何时何地都不能放松；有的说要扎实准备，积累知识，团结一致向前看；有的说要学会处理压力与动力的关系，要适当感受压力又不能被压力压垮，要正确对待压力，并化其为动力。每位组长的发言不尽相同，但都表达出了同一个坚定的意愿，那就是希望31班的明天会更好。

在寒假刚刚结束后的这个春天里，在这个万物复苏的季节中，在这

个新学期钟声敲响的日子里，相信我们31班的同学们，会以最崭新的面貌、最昂扬的姿态，去拥抱新的憧憬，迎接新的挑战，创造属于自己的更美好的未来。

25 我的声音我做主

"You raise me up,
so I can stand on mountains.
You raise me up,
to walk on stormy seas."

这是星期一早晨的第一节英语课，在高一(31)班的教室里，我发起组织的"英语配音大赛"正在如火如荼地进行着。

首先我放了一段自己处理过的配音视频。我相信自己标准的发音丝毫不逊色于原版，而且在语音语调上还加入了自己的理解，有着鲜明的个人风格。一分多钟的片段放完，同学们都对英文配音产生了浓厚的兴趣，迫不及待地想要欣赏参赛同学们的作品。

紧接着，同学们纷纷上台展示自己的风采，有同学选择朗读新概念的课文，她用不疾不徐的语调似讲故事一般将课文娓娓道来，令听众无不沉浸于她优美的讲述中。有几位同学精心地准备了英文歌曲，让教室俨然成了K歌之王的选拔现场，不同的是，他们带给我们的不只是音乐上的享受，还有学习英语的热情与快乐。还有同学提前把必修二的课文为大家朗读了一遍，她的语音语调已经与原文相差无几。台下的同学们全部屏息聆听，生怕会弄出一丁点儿声响破坏了选手们完美的演绎。选手们表演全部结束后，台下迸发出热烈的掌声，同学们都沉浸在英语的世界里，回味无穷。

接下来，由我们班几位志愿者组成的评委团队进行了现场打分，经过课代表等组织人员紧张、快速的计算，结果很快出炉。本着鼓励为主的原则，所有参赛者都分获一、二、三、四等奖，并得到了由班费出资购买的文具作为礼品。

我发起此次比赛的目的就是为了增强同学们对于英语学习的兴趣，拓宽同学们学习英语的渠道，丰富班级生活，给同学们更多发现自我、展示自我的机会。相信竞赛班的同学们不仅是竞赛场上的英雄，他们还会将这股热情带到英语乃至其他学科的学习中，在今后的学习生活中继续前进，勇攀高峰！

26 阳春三月敬老院，莘莘学子尊老情

阳春三月的漫天飞雪，阻挡不了我们31班同学学习雷锋的激情。在新学期第一个周六的下午两点，我们相约在杏花公园大门口，一起走在通往公园附近一家老年公寓的路上，用自己的行动走进老人们的心灵。

行至公寓门口，大家下意识地放慢了脚步，生怕惊扰了楼内午休的老人们。在工作人员的引导下，大家来到了老人活动室。里面只有四位老人在打牌，一位老奶奶在旁边看牌。我们的到来，使得冷清的活动室突然变得热闹起来，在工作人员的安排下，我们班四十多位同学分成几拨开始打扫活动室的卫生。

过了没多久，午休的老人起床了，其中的一部分同学就陪老人们聊起天来。在热闹的聊天室里，我注意到一个80多岁的老奶奶。她的话很少，只是用摇头或点头来回答同学们提的一些问题。我走了过去，通过交谈才知道，她不会打牌，也不怎么看电视，显然，老年公寓的生活对她来说单调而又乏味，但我又发现，老人在提起儿孙时却显得非常健谈而快乐。于是，我便让同学们有意跟她交流她孙子的学习情况。这一招果然管用，老人一下打开了话匣子，侃侃而谈。

在另一个房间里，一位同学在给老人们读报，读到"两会"期间倡导的民生工程时，老人们脸上都露出微笑，神情显得有点儿激动。他们纷纷表示，对政府的举措很赞同，希望同学们好好学习，学成后为国家建设做贡献；还有的同学给老人唱歌，歌声把老人带回了青春年少的岁月；有的同学为老人倒洗脚水，让在场的其他同学也深受感动；有的同

学给老人们分发班级带去的零食，老人们用颤巍巍的手接过零食，点头表示感谢。同学们都在用自己的方式，对老人们表达着尊敬和爱护。

到老人们吃晚饭的时间了，我们要离开了。老人们拉着同学们的手，眼神中满含着关爱和依依不舍之情。在回来的路上，细碎的雪花落在每一个同学的脸上，但大家都不觉得冷，因为有心在温暖着我们。

27 战胜对手，超越自己

在我们的记忆中，对手的到来似乎总意味着“不堪重负”的压力，意味着“如坐针毡”的紧张，意味着“如履薄冰”的担心。然而，事实告诉我们，不论我们欢迎与否，对手总与我们形影不离，所以，我们与其将它视作“威胁”，不如把它看成“财富”。我给孩子们分享了这么一个故事：

牧场里的羊受到狼的攻击，牧场主请来了猎人用整整一个冬天解除了狼患。可是不久，羊群中开始流行瘟疫，羊成批地死去，牧场主只得请来兽医防疫治病。医生开出了许多处方仍无济于事，牧场主只好请来专家会诊，而专家给出的建议却是：在牧场附近的山坡上放几只狼。

原来狼的追逐会迫使羊拼命地奔跑，因此羊群大多体格健壮，而且被狼吃掉的羊也多是老弱病残者，这在一定程度上又可避免疫病的发生。动物是这样，人类亦然。当年战国七雄并存，秦国自强不息，后灭六国，平天下。而一旦统一，没有了对手，居安不思危，便也就穷途末路。竞争时刻存在，参与者必须锐意进取，否则就会自毁长城。

人生如登山，只要没有登上顶，就需要不懈攀登。可一旦“无限风光在险峰”时，我们面对的对手便是我们自己。美国拳王泰森称霸拳坛，击垮了一个又一个挑战对手。却不想，胜利和鲜花使他狂妄、麻木和纵欲，终至锒铛入狱。美国舆论界惊呼：拳王自己打倒了自己。

所以，拥有一个对手，尤其是一个强劲的对手，反倒是一种造化、一种力量、一剂强心剂。对手是一种动力，时时激励着、推动着我们前进。因为有了对手，才会让我们时刻有危机四伏的压力，才会激励着我们排除万难，克服一切艰难和险阻，直至最后夺取胜利。

对于一个国家、一个企业、一个人来说，对手是挑战者，也是同行者，是敌人，也是朋友。对手唤起我们挑战的冲动与欲望，让我们从一个胜利走向另一个胜利。可以说，是对手造就我们的成功，对手越强大，我们自己也就越强大，我们的成功也就会越多，发展会更好。

我们欢迎对手，感谢对手。失去对手，我们便会失去一部分鞭策的动力，从这个意义上来说，对手也是一大笔财富。

相信我的故事能对同学们有所启发，让他们战胜对手，超越自己。因为：Life is a race where you compete with others to go beyond yourself!

28 世界这么大，我想去看看

在学校的精心安排下，我带着全班孩子，行走在研学的路上，一路风景，一路交流，一路收获。

＊＊＊ 那时 ＊＊＊

古有诗云“清明时节雨纷纷”。我们出游的时节恰是在清明，因而难免会担心被那连绵的阴雨搅扰了游玩的兴致。幸运的是，天公作美，出发的当天，明媚的阳光和和煦的春光，让人不自觉地绽放出舒心的笑容。

“好雨知时节，当春乃发生”，在我们抵达黟县，流连于徽州古建筑群的时候，天空中淅淅沥沥地飘下绵绵的雨丝。烟雨朦胧中的皖南，有如蒙着面纱神秘而娇羞的少女，更添了一份清秀与婉约，让人觉得似乎连撑起一把伞都会破坏了这静谧祥和的氛围，于是我们便任凭那飘飞的雨丝轻抚脸庞。脚下长长的青石板路，历经岁月的打磨，又被雨水洗濯浸润，圆润透亮，仿若黛色的璞玉。置身其中，心旷神怡，思绪荡漾，忆起戴望舒的那首《雨巷》，此刻，细雨中的古村落俨然就是那位“丁香一样的姑娘”，结着淡淡的愁怨，悠长而凄美。

*** 那地 ***

世间的美有两种：自然之美与人文之美。而在西递宏村，我有幸将它们尽收眼底。

沿着石阶，逆着涧流，拾级而上，我们徒步于翡翠谷之中。之所以称之为“翡翠谷”，是因为这里的山间泉流清澈见底，而池底多为蓝色或青绿色，像一块块翡翠玉石层叠镶嵌。恰好是春天，冰消雪融之时，泉流也愈加湍急，偶遇石块阻挡，便激起雪白的水花。双手掬起一泓清泉，清亮又清凉，沁透心脾。玩至兴起，穿行于林立的翠竹之间，跳跃在水中凸起的石块之上，无拘无束地欢笑。此刻的我们，抛却了城市的烦扰与喧嚣，在高山峡谷之中，真切地体会到与自然融为一体的快乐。

白墙灰瓦，古朴而淡雅，典型的徽派建筑风格彰显着这里厚重的历史积淀以及淳朴的民风。在这里，自然与建筑有机地结合，山的泼墨，水的晕染，仿佛一幅缓缓展开于眼前的水墨长卷。偶尔墙角探出头来的几朵粉嫩的桃花，如点睛之笔，给人眼前一亮的欣喜。最难忘的是那精雕细琢的牌坊群，一律深灰色，显得庄严肃穆。背景是大片大片的油菜花田，远远望去，如同翻滚着金色波浪的海洋。牌坊，象征着“忠、孝、贞、义”等美好品德，至今仍被人们奉为做人行事的准则。

*** 那些人 ***

虽然不是初游西递宏村了，但正应了那句“不是在乎去哪里，而是在乎同游者是谁”。与一群天真烂漫、生气勃勃的少年同游又是一番别样的风景。

在翡翠谷中，难行的山路上，同学们相互扶持，同心协力，爬上一块块巨石，然后举着班旗拍照留念；在住宿的宾馆里，同学们彻夜未眠，不只是在享受游戏的快乐，更有的是在互相聊天时产生的思维的碰撞，关于电影，关于班级，关于人际关系，关于科学，关于人生。让我们来倾听一下孩子们对人生的一些感悟吧。

人类最恐惧的就是未知，也只有未知，仅此而已。

赚钱的真正目的是什么？我认为是一种原始积累，在这个基础上，你可以衣食无忧地去做自己热爱的事情，过自己喜欢的生活，这才是真谛。

在回来的大巴上，为了能使坐在后排的女生们看得见电影，前座的男生们歪着脖子举着播放器，以这样一个极不舒服的姿势坚持了许久，也让我暖暖地感动了许久。

这次研学游，发生了太多太多的故事和回忆，难以说尽，与同学们在一起的每分每秒都值得铭记和反复回味。他们渊博的知识，独到的见解，幽默的性格，他们的一切，都让我铭记、感动和珍惜。

***　那种感动　***

研学游归来，已是黄昏，夕阳西下，落日的余晖洒在桌面摊开的纸上，有暖暖的气息。我顾不得满身的疲惫，只想记录下心中零星的感想。在归程的车上就酝酿了一路的感情，在此刻随着笔尖的滑动流淌于文字之间。那山，那水，那些人，那种感动，如此美好，如此难忘。

29 榴花盛放，放飞理想

五月，是火红的月。在这个季节里，同学们都愿意敞开心胸，放飞思想，去拥抱生活，畅想着自己的未来和梦想，所以我也不失时机地召开了一场题为“理想和现实”的主题班会。

主题班会在舒缓的音乐和班长声情并茂的演讲中拉开了序幕。“理想就像春天，孕育着希望的生命；理想就像夏天，开出了希望的花朵；理想就像秋天，收获了希望的果实；理想就像冬天，埋下了希望的种子。”

当同学们正沉浸在对美好理想的畅想之中时，班长突然话锋一转，“但是，现实却往往没有理想那样美丽。在现实中，我们会遇到各种各样的困难和挫折。这些困难和挫折都会成为我们实现理想道路上的障碍和绊脚石，所以，我们如何正确地认识和处理目前所面临的问题和挑战才是我们实现理想的关键”。

进入主题之后，接下来就是讨论环节：谈心时刻。在我的安排下，班长把全班同学分成 7 个小组，每组 8 人，围绕下面三个问题进行讨论：

1.你的理想大学是哪一所？2.你目前所处的位置距离你理想中的大学还有多远？3.你如何克服困难，实现自己的理想？

讨论要求：1.组长负责组织讨论，最后选一个代表作总结发言。2.各代表需总结组内每个人的观点。3.总结要简洁明了。

经过激烈的讨论之后，各个小组都推选了一个健谈的成员进行最后总结。让我欣喜的是，每位代表并不是仅仅在列举目前所面临的困难和障碍，而是都会提出一些中肯的建议或者切实可行的解决方案。

最后，我对这次主题班会进行了一个总结。我总结的题目叫人生之路。

在现实生活中，我们要走很多路，才能实现自己的理想。人生之路很多，但归根结底只有两条，“上坡路”和“下坡路”。

走上坡路时，费力，沿途可能会有荆棘阻拦，你会口喘粗气，流汗缺水，腿脚被刺破，身体疲惫。然而，你的视野会越来越宽、越来越广，每前进一步，你都会看到更美的景色。

走平坦路时，舒适，不会感到太多的压力。然而，你的视角只能停留在一个水平线上，领略不到“远近高低各不同”的别样风光。

走下坡路时，容易，下势的推力在后面推搡你，无须把握，省劲舒服，轻松愉快。但你显得迷迷糊糊，有些不由自主，视界逐渐狭窄，可观赏的景致越来越少，你的天地无疑也就变得越来越小。

走上坡路要昂首阔步，走下坡路要谨小慎微；低头走人生的上坡路，昂首走人生的下坡路。

低头走路的人只看到大地的厚重，却忽略了天空的高远；抬头走路的人，只看到高空的广阔，却忽略了脚下的艰辛与险峻。

走上坡路的人，会流下欢欣的泪水，一步一滴汗水，一步一个脚印；走下坡路的人，会流下咸涩的泪水，一步一个悔恨，一步一个忏悔。

如果说走上坡路的路标是坚强，那么走下坡路的路标就是软弱；如果说上坡路的路基是崛起，那么下坡路的路基便是沉沦。

上坡路与下坡路的区别并不是“坡度”的大小或高低，它们唯一的区别就在于你意志的坚定与否。

一个正在走上坡路的人，如果取得了一点成绩就沾沾自喜，收到几束鲜花和几句赞誉就骄纵得不可一世，那他可能就会原地踏步、停滞不前，甚至会走下坡路；如果一个正在走下坡路的人，某一日忽然发现自己的误区，那他可能会幡然醒悟，并咬紧牙关走出灵魂的“百慕大三角”，从而走上那条虽艰险却有着光明前途的上坡路。

人生路上，道路越平，环境越顺，业绩越丰，越要保持忧患意识，居安思危，艰苦奋斗，不骄不躁。否则，“倾覆”“沉沦”等灭顶之灾就会降临。

人生是不可能永远雄居山顶的，有上坡就有下坡，有高升就有下落。上坡时，要有下坡时的心情；下坡时要有上坡时的愿景，这样人的心就平静了、敞亮了。

班会结束了。看着同学们信心十足的表情，我对孩子们的未来也充满了希望。

30

谁言浓浓尊师情，春风十里不如您

时值六月考试季，学校各项考查评比活动也陆续展开。评选“我心目中的好老师”就是其中的一个活动。评选的10项标准早已出炉，分别是：1.能平等对待学生，尊重学生的人格，能妥善地处理各种问题。2.能引导并帮助学生改善学习方法，帮助学生形成良好的学习习惯。3.和蔼可亲，能与学生亲切交流，支持和鼓励学生。4.对教学工作充满热情，认真负责。5.有过硬的基本功，能有针对性地开展教学。6.善于激励学生、引导学生主动学习，多为学生提供展示才能的机会。7.能起到榜样作用，为自己树立一定的目标，具有创新精神，能不断充实自己。8.有责任感，发现不好的行为，不管是否是自己的学生都能及时制止。9.注意自己的仪表，上课时不抽烟，不接听手机，在各方面以身作则。10.能积极与家长沟通，促进学生更好地发展。

还是让我们看一看学生心中的好老师吧。

“师者，所以传道受业解惑也。”

我想这句话用在您的身上恰到好处。记忆里，无论是雨天还是雪天，每当我们走进阶梯教室时，总能看见您在讲台上等待我们的身影。几月如一日，屋外的景色变了又变，唯一不变的，是您的坚守。

一直以来，您都像一位母亲一样关注着我们生活的点点滴滴。即使在我们的学习状态落到最低谷时，您仍然用最亲切的话语点醒沉睡中的我们。唯一对我们失望的那一次，可能是因为我们班级大部分人都迟到了。您让迟到的人在教室外面好好反省,其实是为了让我们认识到最基本的原则。从另一种角度来看,这是我们对您的不尊重。后来的每一次化学课,我们真的再也没人迟到过。

不仅仅是我,我们组所有的小伙伴,都写出了心里最想向您说的话。

作为一名教师,腿受伤了完全可以请假在家休息,但是胡老师考虑到我们正处高三,不想让我们落下课程,于是坚持手拄拐杖艰难地来到学校。我们平时没有很深刻的感觉,但每当看见雨雪天老师手拄拐杖在校园小路上艰难前行的孤独背影,一股心酸与感动就会涌上心头。我们不需要为胡老师做很多的事,因为一切表面的行动都抵不过我们把对老师的感恩放在心上!

即使是刮风下雨也阻挡不了胡老师为我们上课的脚步。

即使有伤痛,在面对我们繁多而复杂的问题时,她也耐心地一一解答。

对于我们不该犯的错误,她以长辈与师长的身份,从我们的角度出发,对我们进行严厉的批评。

为了完成教学任务,她不得不连续几个小时一直坐在寒冷的阶梯教室。

谢谢胡老师,

在拄着拐杖时仍坚持给我们上课,

在不能站立时仍坚持板书,

在寒冷的阶梯教室贴着暖宝宝等我们,

在身体欠佳的状况下还坚持耐心给我们讲题,

在雨天拄着双拐独自一人回家。

胡老师于我而言,

已不仅仅是一位老师，
她更像我的妈妈一样，
在我两次段考都考得很糟糕时主动找我谈心，
教会我怎样调整生活状态与学习方法，
谢谢您，胡老师！
尽管我们现在上课时纪律总是不好，
尽管我们有时会不交作业，
尽管我们有时会把您强调无数遍的题写错，
尽管我们总是让您生气，
但您一定知道，我们是爱您的，
所以您一直默默为我们付出。
老师，我们爱您！
您辛苦了，谢谢您！

31 笑看满园秋色纷彩呈，且盼来日春意会更浓

2015年合肥市先进团支部的申请工作开始了。经过了我和同学们整整一个星期的努力，搜集信息，整理材料，拍摄照片，撰写文字，制作PPT，展示演讲，等等，终于，我们班幸运地获得了“合肥市先进团支部”的荣誉称号。付出的努力终于得到了回报，同学们欣喜不已，然而，最让他们备受鼓舞的还是班里老师们的鼓励。

自从教31班语文以来，自从认识这群活泼爱动却又笔耕不辍的孩子以来，我的心就受到了很大的触动。这是一帮怎样的孩子啊！他们成绩优异，曾经都是各个学校的精英，如今他们群星合抱，在六中温暖的怀抱中成长；他们阳光开朗，让所有认为“学霸肯定是体渣”的人大跌眼镜，初入六中便在校运动会上崭露头角，取得了骄人的成绩；他们还团结友爱，每一次集体活动中总能看到他们互帮互助的身影。面对这些品学兼优、天赋异禀的孩子，我能做的只有引导。我还有什么可说的呢？只想衷心祝愿这个充满青春气息的班级能扬梦想之帆，引自强之缆，奏一曲超越时空的乐章！

自从接手31班以来，我便被他们的天赋所感染。这些孩子们比我预想的素质更高。他们不仅聪明，更富有创造力、进取心，还有很难得的班级活力。无论从什么方面来看，他们都是最优秀的。

31班不愧是“王者之班”，学生身上都有王者的霸气！他们活泼、机智、灵敏、专注。他们不仅是学神、学霸，综合素质也非常强。

希望31班的孩子们再接再厉，做精英，做王者！

青春是美好的，青少年时期更是让人充满无限遐思和幻想。幻想是空中楼阁，梦想是人生的希望和追求。高考是你梦想飞翔的冲刺点，珍惜每一天，让飞翔的梦想张开美丽的翅膀，奋斗每一天，让你的智慧发出耀眼的光芒。

一起共度的两个多月的美好时光已经成为永远的回忆，31班孩子们的优秀表现，确实让我刮目相看。我一直在想，他们会不会是我从事教师职业二十多年来带过的最好的孩子，最有潜力的孩子。欣闻我们31班要申报市级先进团支部，请允许我在九中为你们点赞！

看着各位任课老师对孩子们的鼓励和肯定，我的心里甜甜的，就好像别人在夸赞自己的孩子一样。我知道，我的心里早就把这群天真烂漫的少年当成了自己的孩子啊。

32 烈日骄阳又何妨，六中学子齐绽放

合肥六中的孩子们，无论如何也不会忘记每年一度的英语戏剧周。

恰逢七月，似火的骄阳也挡不住合肥六中高一学子要放飞、要表达、要绽放、要演出的渴望！期末考试已经结束，试卷评讲已经完成。今天，7月12日，是孩子们的节日，是六中举办一年一度的盛事的日子。合肥六中第十五届"英语戏剧周"经过两个月的精心安排与筹划，正式拉开表演的序幕，为六中师生献上了一场听觉与视觉的饕餮盛宴。

校领导非常重视，亲自出席了此次活动并致开场辞。他高度肯定了英语戏剧周作为我校传统的表演节目但又年年推陈出新，极大地鼓舞了六中学生对英语的学习热情，他甚至还在现场亲自秀起了英语，引得台下学生惊呼不已，掌声雷动。

接下来，来自高一几个不同班级的孩子为我们带来了一场热烈的、火辣辣的开场舞，动感的节拍击打出青春的热情，一下子调动了全场的气氛。紧接着是孩子们的主场，舞台上，孩子们肆意发挥着他们的才华。让我们欣赏一下孩子们出色的表演吧。

高一(3)班带来的是《哈姆雷特》，一段悲情的故事，一段倾情的演绎。

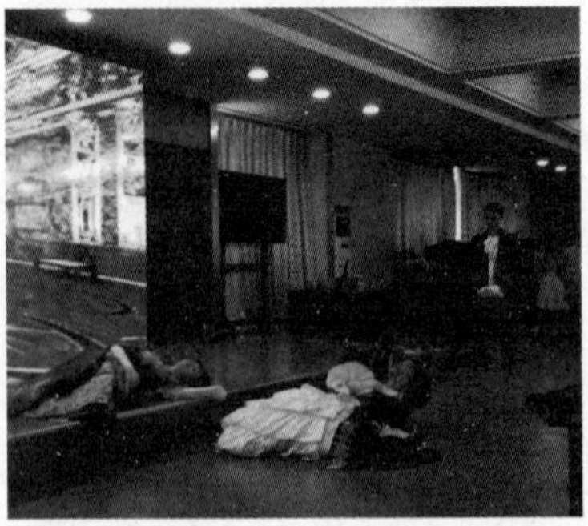

来不及沉浸在悲伤中，高一 A Level 班就为我们带来了《童话镇》。高一(6)班的《爱丽丝梦游仙境》更是掀起了第一波小高潮，纯美的舞台背景，天真可爱的爱丽丝，梦境中神奇的另一个世界，在学生的精心准备下，在流畅的口语表达中活灵活现。

接下来，我们迎来了大家都熟悉的《灰姑娘》，经典传统的故事由于学生们鲜活的演绎变得生动不已。其中，最吸引人的莫过于“后母”的表演，一个嫌弃灰姑娘的眼神就赢得了全场疯狂的掌声，一举手、一投足，一个恶毒的后母形象栩栩如生，令全场学生开心不已。

随之而来的是高一(29)班的《仲夏夜之梦》，学生们很好地还原了莎士比亚的原著，从舞台背景的选择到演员服装道具的安排，甚至连演员的妆容都一丝不苟。在故事的演绎过程中，观众的心情也随着故事中两对情侣的爱恨情仇起起伏伏。

来自高一(2)班的《哈姆雷特》又是一番不一样的演绎，故事结尾处，所有演员都用自己独特的角度表达了对“To be or not to be, that's a question”这句话的理解，他们借助英语中重音位置的不同从而传达出了这句话不同的含义。在场的老师也好，同学也好，不仅被表演所震撼，更因这样的发问而陷入思考。

高一(5)班的《美女与野兽》，高一(27)班的《仲夏夜之梦》和高一(30)班的《罗密欧与朱丽叶》让时间在欢乐和紧张的氛围中悄然而逝。

令人没有料到的是，我们竟然又迎来了一位灰姑娘。一样的故事，却被国际部高一 AP 班的学生们演绎得诙谐生动，情趣盎然。他们设计了最棒的舞台背景，每一幕故事都伴随着相应的背景变化；他们动用了最巧妙的心思，两位女同学分别扮演了普通的灰姑娘和变身后美如仙子的灰姑娘，让观众耳目一新。再加上舞蹈的编排，整场演出生动有趣又别具新意。六中的孩子，永远不缺的就是创意与创新！

33 职业规划——我的理想不是梦

高中阶段的第一个暑假到来了，暑假当然少不了暑假作业。但是这个暑假，除了常规的作业外，级部还给孩子们布置了一份别样的作业：采访一位你感兴趣的职场人员，按要求撰写职业访谈报告。有条件的同学最好能跟岗体验1天，参与该项工作，并尽量用图片、视频等方式记录下来，下学期班会课上将就职业访谈或职业体验进行交流分享。

同学们根据自己的兴趣，选择了五花八门的职业。有医生、房地产经理人、教师、IT从业者、律师、警察、金融评估师……看看他们撰写的访谈报告吧。

案例1：

采访人是个女生，采访职业是会计，采访对象是她的母亲。

问：你当时选择会计专业的想法是什么？

答：工作稳定，一个企业很少去变动会计人员，因为财务数据是公司的机密，所以公司不会轻易换掉会计；会计的就业面广，发展空间大，可选择的余地大，基本上每个公司都需要会计，会计专业的学生毕业后可以去企业、银行、事务所、事业单位等；越老越值钱，会计是一门专业性很强的学科，资历越深的会计，对行业的理解越深刻，一般情况下水平也就越高；证书全国通用，无论是会计从业资格证，还是职称证书，在全国范围内都适用。

问：你工作的具体内容和特点是什么？

答：具体内容有四点。

第一，每个月要做好原始凭证的记录。

第二，一般来说，财务工作人员在月末还要注意提取折旧费用，以及待摊费用的摊销。

第三，在月末编制完科目汇总表之后，还要编制出两个不同的分录。

第四，对企业总账的资产进行数据化的编写，包括企业的货币资金和固定资产，另外还应该有应收账款和应收票据以及短期投资的数据。

会计工作的特点是保密性高，受重视程度高，专业性强，与领导接触较多，工作本身比较繁琐、平淡、枯燥，但是具有高度的稳定性。

问：你认为会计的基本素质和要求是什么？

答：有一定的政治素质，了解《会计法》、财经法律、法规和有关财务制度；有良好的职业道德，不泄露企业的财务及经营状况，廉洁奉公，不滥用职权。

问：你认为会计行业存在的困难及发展前景如何？

答：由于所处经济环境相对复杂，国内相关法律法规不够完善，会计工作中的许多问题经常无法可依，无据可循。

会计行业的发展前景还是不错的，尤其是一些高端的会计人才比较紧缺，但如果只是停留在低端的会计是没有前景的。另外，注册类考试，即注册会计师和注册税务师考试，难度较大，含金量较高。其中，注册会计师证在大学时期就可以尝试。

总结：

通过这次调查，我初步了解了会计这个职业，虽然枯燥、乏味、繁琐，但又是每个企业及事业单位不可或缺的重要职务。会计的工作稳定但又充满激情，在未来的职业选择中不失为一种备选职业。

每一个社会人都有自己的职业，都有对其职业生涯的独特见解。通过今天的职业访谈，于小，我了解了会计这个平凡的职业；于大，我懂得了每个人选择的职业就是他选择的人生路。

两年后的抉择与竞争众所周知，莘莘学子都会为梦想而努力前行，那么,到了那时,就去选择自己心仪的职业吧,因为这将会影响我们的一生。

案例 2:

采访人:夏何睿

被采访人:张斗国

职业:大学副教授

工作单位:中国科学技术大学

从业时间:6 年

学历:中国科学技术大学博士

研究方向:微纳光学与光子学

个人简历:张斗国,主要从事微纳光子学领域的实验研究。自 2010 年回国工作以来,自主开发了一套具有鲜明特色的泄漏辐射显微成像系统,可有效探测发光粒子辐射的强度、方向、偏振、光谱等信息;研发了多种光学芯片来实现荧光粒子辐射从无序到有序的调控及信号增强。回国以来共发表 SCI 论文 38 篇,第一或通讯作者论文 25 篇,应邀为十余种国际权威杂志审稿。除学术论文外,相关仪器研制技术获批 5 项国家发明专利。已合作培养博士 4 名,在读研究生 5 名,其中 1 人获中国科学院院长奖,1 人获中国科学院朱李月华奖,2 人获华为奖,3 人获研究生国家奖学金。目前承担一项国家自然科学基金面上项目,一项国家重大科研仪器研制项目课题,参与一项 973 项目课题(担任课题副组长)。在国际合作与交流方面,与美国马里兰大学医学院的 J.R. Lakowicz 教授 、法国勃艮第大学的 Alexandre Bouhelier 研究员在微纳光子学领域建立了密切的合作关系。

问:您当初为何选择这个职业?

答:其实当初我是对物理学感兴趣,然后在中国科学技术大学读研时开始慢慢往研究方向发展,我去新加坡学习的经历对我的职业选择也起到了很大的作用。

问:您认为您的工作环境与其他职业相比有什么不同?

答:最主要的就是这份工作不需要过多地与人交际,而是要自己全身心投入进去,因此也很有意义。

问:您认为胜任这份工作需要怎样的能力?

答:勤奋的态度和平静的内心。

问:您工作以外的生活是怎样的?

答:主要是陪陪家人。有时也会出去爬爬山或是打打球。

问:您喜欢这个职业的哪方面?

答:不需要太多的交际。虽然枯燥却不是重复性的工作,而且走在科学的前沿,有价值。

总结:

从张副教授的身上,我看到了他的那种"追求真理,鼓励创新,理性质疑,严谨缜密"的科学精神。而这种科学精神,正是我们这个时代所需要的。我们当代中学生就应该学习这种精神,为祖国美好的明天献上一份力!

这两个案例很典型,对班级的孩子们有很强的借鉴意义。同学们经历了一年的高中生活,体验最多的就是学习学习再学习,目标也就是考一个好大学,他们从来都没有认真想过职业选择这件事。无疑,学校组织的"采访职业与了解职业"的社会实践活动开阔了他们的眼界,让他们能够及早地确立人生发展目标和方向,并为实现这一目标而努力。

34 仰望天空，脚踏实地

暑假里，孩子们在搞竞赛，在提升自己的能力，我也受学校安排，去东北师范大学参加学科带头人培训，收获颇丰。

在短短的几天里，我感受到了东北地区独特的文化风情，体会了长春市十一高中多元文化的特色，聆听了东北师范大学老师们精彩的报告，同时与长春实验中学的老师展开了热烈的交流。这次培训内容丰富多彩，学习紧张而又充实，让我开了眼界，长了见识，学到了知识，特别是在教育和理念上接受了一次洗礼，教学知识上得到了一次强劲的“充电”，受益匪浅。

更重要的是，这次培训让我感受到东北师范大学老师们严谨的治学态度。十个专题讲座，涉及新一轮基础教育课程改革的理念、教师的教学实践研究、专业化发展、现代信息技术的设计和应用、课堂教学评价，等等。给我们授课的专家教授，热情、诚恳、细致，总希望在有限的时间内尽可能多地把最新的知识传授给我们，他们的讲解高屋建瓴，又深入浅出，朱玉民教授的激情、邬志辉教授的博识、孔凡哲教授的睿智、王小英教授的严谨、路海东教授的思辨……给我留下了难忘的回忆。这其中蕴含了他们对基础教育的厚望以及他们对教育事业的热爱与忠诚，让我深深为之折服，我将把这些珍贵的记忆永远放在心底。

这次培训让我更新了教育教学理念。随着新一轮基础教育课程改革的不断深化，很多教育教学的深层次问题不断暴露，这时候教师们迫切地需要理论的指导和专家的引领，这次培训对我而言，是场“及时雨”，不仅对理清新一轮基础教育课程改革中的种种关系大有帮助，而且对突破新时期教育教学中一些“瓶颈”问题提供了新的解决思路和方法，如路海东教授关于建构主义学习理论的应用，王小英教授关于多元智能理论对教育的启示，李泽宁教授的人文主义视域下教师教学行为，等等，从本源上对新一轮基础教育课程改革的理念作了深入阐述和解读，令人茅塞顿开。

这次培训让我认识到教师是个永新的职业，这包括了学科知识和教学艺术的不断更新，通过这次培训，我不仅在学科知识上得到了一次补充，而且在教学艺术上也得到了一次补充。邬志辉教授的智慧型教师的实践品德，孔凡哲教授对一节好课新的评价和有效教学的实施策略，朱玉民教授关于现代信息技术与课堂教学的整合与优化，等等，无不具有引领性和示范性，有效而实用。

这次培训让我明确了今后的目标。我知道培训是一种手段，是一个开端，对于培训的清泉，我们要让它细水长流。我明白“骨干”这一称谓带给人的不仅有荣誉，还有无尽的责任，培训给我补充了元气，添了灵气，去了骄气，让我焕发无限生机，使我真正感到了教育是充满智慧的事业！我也深深地认识到自己肩负的责任，今后我将学以致用，将新知识内化为自己的教学实践，结合合肥的教学实际，向同行学习，让培训的硕果在教学中大放异彩。

想到这，我更有信心把自己的书教好，把我们31班的孩子带好，带着他们从六中启程，实现自己心中的理想。

35 古有巾帼英雄多奇志，今看六中讲台萃丹心

近日，从安徽省妇联传来喜讯，我负责的英语学科组获得了安徽省“巾帼文明岗”称号！“巾帼文明岗”是妇联为表彰积极为国家、为社会、为人民做出突出贡献，取得优异成绩的优秀女性团体而颁发的荣誉称号。获得这一荣誉相当不易，学校对此非常重视，在校园网上发布了相关报道。全文如下：

我们英语学科组共49名教师，其中女教师人数约占4/5。在学校“进德、修业、求实、创新”这一优良教风指导下，全组教师锐意进取、开拓创新，多年以来在英语教研教学和学生培养方面硕果累累。其中，中学英语特级教师2人，省级教坛新星4人，省级先进教育工作者1人，市级先进教育工作者和优秀教师1人，合肥市学科带头人3人，合肥市骨干教师5人，市级教坛新星和教学能手3人，全国优质课大赛一等奖1人，市级优质课大赛一等奖4人。英语组学科主任王莉老师更是多次获得各级各类表彰。近年来，先后有10多名教师被选派去美国、英国、丹麦等国家深造，同时英语组和学校国际部也协助学校接待了来自美国、加拿大、韩国、朝鲜、日本等国的学校来访和学者讲学。我们曾一度被合肥市教育局授予“先进教研组”的称号。多年来的积淀，成就了英语组现今浓厚的学术氛围和谦虚严谨的治学态度。

此外，在一轮又一轮的教学改革和科研中，我们组先后承担了三项国家级重点科研课题和一项省级教研课题；英语组教师每年

都有数篇论文获得国家级奖项和省、市级一等奖或在报刊、杂志上发表。

最重要的是，我们组一直秉承“促进学生主动、充分、健康地发展”这一办学理念，注重对学生的培养。每年被选派去参加AFS国际文化交流项目的学生都表现优异，获得了去美国或加拿大等国学习交流的机会，合肥六中也因此成为“联合国教科文组织俱乐部”成员学校。每年一度的英语戏剧周及学校的模拟联合国和英语社团活动也深受学生喜爱。

“休言女子非英物，夜夜龙泉壁上鸣！”中华民族自古就有无数“巾帼不让须眉”的伟大事迹。而今，合肥六中英语组，一个以巾帼为主体的团队，一定会在中国共产党的领导下，在学校领导的关怀下，教书育人、不断进步，为实现中华民族伟大复兴的中国梦做出自己应有的贡献！

作为学科主任，在荣誉面前，感觉肩上的担子又重了。

36 既然选择了远方，就不怕风雨兼程

高中三年，像是上了一趟时间快车，高一要忙于做好各种行前准备，立规矩、养习惯；到了高二，固定了自己的车位（选择了文理科）后，就到了在学习上大显身手的时候了。而省教育厅在每年高二下学期的6月22日和23日组织的学测考试便是检测这种学习成果的一种方式。

在学测开始前的一次班会课上，我安排班长做了一次学测动员演讲，标题是“既然选择了远方，就不怕风雨兼程”。演讲全文如下：

距2018年高考只剩不到一年的时间了？你是否还在为刷微博找借口？是否还在为成堆的作业叹息然后进入梦境？是否还在为考试中的一点小小进步忘乎所以、得意忘形而懈怠了自己？伟大领袖毛主席教导我们要好好学习，天天向上。现在便是行动起来的时候了，用你的努力把握自己的命运。

但是，在我们的身边，却还有不少同学在为自己的不努力、不刻苦找着这样或者那样的理由。有的同学说：“学习是需要天赋的。天才是99%的汗水加1%的灵感这句名言后还有个颇有深意的转折——但那1%的灵感是最重要的，甚至比那99%的汗水更重要。”对此，我想说，根据维基百科，爱迪生并没有说过这个所谓的转折，接下来的一句实际是“None of my inventions came by accident”。也就是，我没有一项发明是碰巧得来的。这才是真相，真相是这99%的汗水改变了爱迪生的命运，为全人类带来了光明。

也有的同学很困惑，觉得自己已经尽力了，但成绩依然不见长

进。如果你有这样的困惑，我想恭喜你，你已经迈出了最艰难的第一步。至于不见成效的原因，或许是没有掌握正确的方法，或许是你的积累仍在蓄势，还未到破土而出、拔地而起的那一刻。因为，没有人的成功是一蹴而就的。事物的发展总是从量变开始的，量变是质变的必要准备，质变是量变的必然结果。你要相信，只要你找到了正确的方法，用努力充实你的生活，无论你此刻是正被光芒环绕、被掌声淹没，还是正孤独地走在寒冷的街道上被大雨淋湿，成功一定会穿越这个世界上汹涌的人群找到你。

更有些同学感慨，“命由天定，努力皆是徒劳”。对此，我的回答是：抱歉，我们已经不在一个次元了，我想六中并不适合你。命运不是放弃，而是努力。命运不是运气，而是选择。命运不是等待，而是把握。决定今天的不是今天，而是昨天的态度；决定明天的不是明天，而是今天的作为；决定一年后我们命运的，正是现在一天天积累的点滴努力。所以，道路是曲折的，但前途是光明的。

对此，我也想对我的孩子们说：学习是很苦很累，压力山大，可是看看你周围的同学们，看看你前边的老师们，你就会发现你不是一个人在战斗！我们都在一起，都站在你的身边，为你的努力鼓掌加油。我们都希望你的梦想早日成为现实，所以你要拼尽一切代价，用每一分每一秒的努力把握自己的命运，用每一分每一秒的努力创造属于自己的2018，用每一分每一秒的努力成就我们31班的又一个辉煌。

37 学会交往，从爱出发

交往是一门学问，它在无形之中影响着每个人的成长。针对这一主题，在 11 月 8 日下午，我们班孩子举办了一次题为“学会交往”的主题班会。

班会的开场别具一格，以一个简短的 VCR 和短剧开场，围绕一个男生在学校、家里的错误交往行为所造成的问题，引出“学会交往”的主题。VCR 中的故事发人深省，同学们也对这个主题发表了自己的看法。这个小小的故事，不禁让同学们联想到了自己的交往故事。

班会进行到高潮，同学们开始了一个四角游戏——分别在教室的四个角写下你认为最重要的人的名字。在音乐的渲染之下，在主持人的引导之下，同学们渐渐进入状态，在阖眼冥想中，想到了自己与他们之间的交往。当撕去拐角上那个人名时，同学们纷纷表示心里十分痛苦与难过。一位同学表示：“即使我和他在生活中的交往有再多的矛盾，我都会想办法化解，因为他在我生命中十分重要。”同学们都渐渐地从与最重要的人的交往中学会如何与他人交往，学会如何化解矛盾。

随后，大家也针对“什么样的品质最适合交往”“如何与老师、家长交往”等问题展开了讨论，同学们都有自己的见解。有人认为简单的人最好交往，有的人则认为真诚的人最好交往。其实，就如班会的主旨所说，“从爱出发”与他人交往的人最好。

当大家正沉浸于交往的话题时，故事里的主人公上台坦诚地“道歉”，为自己曾经的行为向老师、家长及同学表示歉意。简短的小诗，真诚的话语，让在场的同学们想到了自己曾经与他人发生过口角，却不知如何化解的情景。在主持人的建议下,大家纷纷拿出纸,写下了对曾经和自己有过口角的人的歉意。一个个发自肺腑的词语,一句句钻人心窝的话语,都让同学们感受到了交往的重要性。在暖人的气氛下,班主任也上台为大家做了总结,诉说了自己曾经的交往经历,并呼吁大家"学会交往,从爱出发"。

骤然响起的下课铃声提醒同学们本次班会结束了,但同学们仍然意犹未尽,他们好像被注入了一股新的能量,一股让自己明白如何交往的能量——那就是爱。在人与人的交往中,每个人都会暴露自私、嫉妒等不好的特性,但是只要另一方用最真挚的爱去对待,这些特性就会变成维护彼此友谊的稳固剂。

38 走进学生家庭，走进学生的心灵

作为班主任,家访工作是班主任协调家庭教育的重要方式之一,也是班主任体现人文关怀的一种表现形式。家访的目的在于与家长交流情况,交换意见,共同研究教育学生的内容和方法。家庭是孩子的第一所学校,父母是孩子的第一任教师。家庭对孩子身体的发育,知识的获得,能力的培养,品德的陶冶,个性的形成,都有至关重要的影响。多年的经验让我认识到,教育引导学生一定要与家长联系,双方只有同心协力,才能事半功倍,达到教育目的。

家访不是向家长告状,也不是让学生难堪,而是要与家长、学生在家庭这个特殊的环境中真心交流和沟通。家访工作常"报喜",可以为后进生的转化创造良好的环境。美国心理学家查丝雷尔说,称赞对鼓励人类灵魂而言,就像阳光一样,没有它就无法成长开花。家访的目的是关心、爱护、转化、教育学生,而不是因教师管教不了学生才去向家长"告状",班主任有必要也有义务与家长共同针对学生存在的问题,一起探讨和寻求最佳解决办法,从而达到良好的教育效果。

我的第一个家访对象是江同学。

学生信息:该生自控能力差,学习兴趣不高,为人极不诚实,谎话连篇,但天资比较聪明,有一定发展空间。

家访目的:了解父母对他的教育方法,鼓励他提高学习兴趣,增强学习信心。

家访情况:经过傍晚的家访,我了解到,江同学家中主要由他爷爷负责他的学习生活,他的母亲在合肥,但工作比较忙,父亲在外地工作。

据了解，江同学在小学的时候也是一个好动的学生，经常受到老师的批评，成绩不稳定，有偏科现象。但他天资比较聪颖，只要用功成绩就可以进步，所以在小学时也取得过较好的成绩。进入高中以后，在众多优秀的学生当中，他也想积极要求进步，但在经过前几次的失败以后，他信心有些不足，再加上自制力差，父母在外，管教甚少，所以成绩总不见起色，坏毛病也就越来越多。

江同学在家通过电话与父亲进行了交流，他其实也很想进步，就是觉得总是管不住自己。为此，他很苦恼，不知如何才能避免这样的情况，因此想得到老师的帮助。

江同学在老师和家长面前表态，以后会做到遵守班规校纪，上课认真听讲，努力提高学习兴趣，提高学习效率，提高学习成绩。

解决方案：与全家人见面，在表示完对他们现实情况理解的情况下，给他们分析小毛病的大危害，并在适当时候提醒家长对我们或学生的意见进行表态，让学生尽快地进入学习状态，发挥自己的潜力，取得较好的成绩。

家访结果：学生学习认真了，基本做到了自己保证的内容，现在学习颇见起色，表现良好。

39

未雨绸缪新学期，砥砺前行新征程

紧张的高三生活开始了。为了构建新课标背景下的高三复习课堂教学模式，提高高考总复习的课堂效率，打造一轮高效课堂，开学第一天，作为英语学科主任，我就带领全体高三英语教师开展了新学期第一次教研组会议。

首先，我对新学期将要开展的教学和教研活动进行了精心布置。9月15日至19日，合肥六中将开展"基地学校高中骨干教师体验式名校实训"公开课展示活动，各校中青年优秀教师将来我校听课，课程类型包括新课、复习课和练习课，每学科各20节课，10位老师授课。高三英语组本次安排的授课教师为虞老师、汪老师、王老师、花老师和韦老师。接下来我又布置了近期复习和检测的相关内容。根据进度安排，韦老师负责模块一测试卷，汪老师、花老师准备模块二、三的定语从句和非谓语动词语法讲义和练习。然后，我把10月4日至12月27日的四次段考和四次周测命题、审题及试卷分析也安排到位，各位老师将针对复习进度和学生的薄弱环节对症下药、严格把关，争取在检测中不断提高学生的解题技巧和应试能力。

接着，韩老师对8月29日的九校联考试卷做了分析。总体评价是试卷偏难，命题紧扣2014年高考命题趋势。听力部分的短对话材料偏长，导致学生判断失误，失分严重；单选特殊句式题型较多，反映出学生基础不扎实等问题；完形填空偏难，在题目设置方面，上下文前后呼应的题型偏少，今后需加强学生对议论文完形填空的训练；此次阅读普遍完成度较好；作文主要问题出在学生审题不清导致文章结构失衡。在分析的过程中，全体教师对学生的易错点和有争议的题目展开了讨论并分享心得。

活动最后一项内容为集体备课，备课内容是张老师负责的模块二状语从句讲义。各位老师一起认真阅读讲解部分并讨论需要修改的地方，分享自己平时语法教学的得失，共同探讨，共同进步。

此次活动组织严谨，研讨深入，充分体现出高三年级英语组的团队精神和合作意识，做到了“有组织、有准备、有研讨、有统一、有落实”，增进了学术交流，加强了教师合作。新的学期开启新的希望，新的学期承载新的梦想，我们高三英语组将一如既往地脚踏实地、稳步前行。

40

蚕丝吐尽春未老，烛泪成灰秋更稠

9月15日至19日，我负责的高三英语组在北区教学楼开展了“基地学校高中骨干教师体验式名校实训”公开课展示活动，本次活动中，我们一共承担了10节公开课，我们派出五位教师，每人两节，来自省内的英语学科骨干教师和六中英语组的同仁们前来观摩，共同参与探讨。

首先是我校教学经验丰富的资深教师王老师给我们展示了两节精彩的高三语法复习课——状语从句。王老师以高考状语从句常考的十大考点为突破点，逐步提问，循循善诱，并针对高考重难点知识进行深究精讲，每个考点先通过高考题让学生进行练习巩固，再通过例题的比较引导学生一起总结和梳理知识点，整节课在“做题——分析——总结”的模式中有条不紊地进行，有利于让学生系统掌握状语从句的相关考点。

韦老师上课的内容是完形填空。首先，韦老师带学生一起了解高考考试说明对完形填空的要求和考查内容，并且让学生各抒己见，一起探讨完形填空的解题技巧及做题过程中的疑问。接下来，她让学生练习近三年的安徽省高考完形填空题，引导学生学习高考完形填空的各种考点设计，明确文章体裁、主旨，并通过调查表分析错误原因，传授各种解题技巧。最后，她给学生展示2011年至2014年高考完形填空的体裁分布情况，再讨论总结解题方法和备考建议。两节课在做题中发现问题、总结方法，再通过做题进行巩固，讲解细致，透彻到位，让学生在今后的备考中更有针对性。

我校骨干教师虞老师上的是语法复习课之非谓语动词。虞老师别出心裁地以新概念教材上的一课作为载体，首先带学生一起学习听力材料的一些新词汇，然后通过听力练习引导学生关注非谓语动词的语法现象，既训练了学生的听力，又自然过渡到本课的复习内容，再通过改写和翻译题复习非谓语动词的用法。最后，通过表格填写，总结归纳非谓语动词三种形式的不同时态语态的结构以及非谓语动词在句子中的语法功能。

王老师展示的是语法复习课之虚拟语气。他首先以一首经典英文歌（*If you were the only girl in the world*）导入本课的教学内容，并带学生学习翻译歌词，引导学生关注歌词中虚拟语气的用法。接下来他与学生共赏美文，通过问题回顾虚拟语气的用法。然后，王老师带领学生先后复习了 if 条件虚拟，wish 愿望虚拟以及“命建要”（命令、建议、要求）主张虚拟三种高考常考的虚拟语气用法，通过知识梳理，翻译填空题练习和高考链接对复习内容进行加强巩固。整堂课的气氛轻松愉快，做到了让学生们在乐中思考。

花老师本次的课题是动词的时态语态。时态语态历来是高中英语学习的重点难点，也是学生考试中的主要失分点。花老师课上的第一个环节是头脑风暴，请同学们举出与动词相关的语法项目，把课堂交给学生，充分调动了学生的积极性。在进入主题后，花老师并没有用传统的教学方法一一介绍各种时态，而是另辟蹊径，从高考原题入手，把近几年高考中出现的考查热点及易混淆的时态进行对比。在学生对例题研读并回答后，花老师将所对比时态的不同点进行总结，从时间状语和固定句型等方面深入分析高频考点。花老师的教学设计很有逻辑性，层层递进，各个环节衔接自然，教学过程非常流畅，教学方法灵活多样，注重拓展学生知识，跟学生互动自然，学生参与性很高，课堂效果非常好。

在精彩的展示课结束之后，高三教研组又开展了评课活动。五位老师深厚的教学功底，丰富的执教经验，新颖的教学方法，对高考不同专题考点的挖掘把握能力和认真的工作态度充分展示了我校英语组骨干教师和年轻教师的风采，也赢得了大家高度的认可和评价。

这次活动不仅是一次对外展示，更是彰显着高三英语组为了 2018 年高考备考所做出的充分准备。

41 高三“日考”，让人欢喜让人忧

到了高三，考试便成了常态。前面所说的段考、月考和周考演变成了每日一次的“日考”。

在考试这件事情上，学生非常辛苦，因为他们要认真应对这日益频繁的考试节奏，从高一、高二的每周两考到高三上学期的每周四考，再到高三下学期的每周六考。对待当晚出来的考试成绩，同学们的反应也不同。大部分同学都能理智、客观地对待考试结果，但也会有少部分对分数特别在意的同学情绪反应比较大，如果考好了，会兴奋得睡不着，但如果遇到不尽如人意的分数也会沮丧得睡不着。

同时辛苦的还有当天参考的高考学科授课教师。他们不仅要承担当天下午的监考任务，而且在当晚还要加班阅卷，等到晚上十一点拿到学生分数之后，他们还要对本班学生的考试结果进行分析比对，查找学生的易错点和尚未掌握的知识点，以备第二天上课讲解。所以，在考试的当天，许多老师的晚餐都是随便在校凑合一下，或者叫点外卖，十点多改完卷子回到家中，继续忙到凌晨。

除了老师和学生外，还有一批辛苦的人，那就是年级部秘书。他们每天晚上要公布分数，还要把当晚的考试结果，按照班级分类打印成纸质材料，在第二天上午上课之前放到每一个老师的案头。这样做的目的是让老师们走进班级评讲试卷时，能更有针对性，更科学、有效。

总之，高三的每一天都好像在打仗。对于参与这场战争的每一个人，不管是学生，老师还是家长，神情都高度紧张，精力都高度集中，生怕有一丝一毫的马虎和懈怠。尽管如此，我们心中都有一个共同的信念，那就是：殊死搏斗，咬紧牙关，坚持到底，创造辉煌！

42 又是一次段考后的家长会

那天是周六。下午三节课后，急于了解孩子学习和表现情况的家长们，聚集在学校北区教学楼，在一个崭新的环境里参加孩子进入高三后的第一个家长会。

首先，我仔细分析了班级目前的状况。“形势严峻”，我用这四个在PPT上加粗的字体概括了目前班级的总体情况。然后我接着分析说，固然我们班在这次段考中取得了相对不错的成绩，但是，我们并没有形成明显的优势，班级还存在一些弊端。对于这些问题，我们需要加以重视，想方设法去解决，才能保证整个班级整体稳定地前行。

之后进行的表彰，既是为了奖勤罚懒，也是在传递这么一个信息：同学们，加油！

整个家长会，给我印象最深的，便是同学们及家长的即兴发言了。同学们的发言，用词严谨，文采斐然，既表达出了年轻人奋勇拼搏的朝气，又不失沉稳老练。家长们的发言，纵无华美之辞，却自有一番美处。他们的言辞之间处处体现的是他们陪伴子女的耐心和细心，是对子女成长的关爱和关心。

我想用一个同学的文字结束这一篇。

“八月其获，十月陨萚。”此时的我们还是稚气未脱的少年，陪伴在父母身边，倾听着老师的教诲，但再过八个月，我们就会踏着秋天的落叶，走进大学了。“逝者如斯夫，不舍昼夜。”是我们的父母和师长，牵着我们的手，走过时间的小溪，走过大河，走到海边。

在看过了一路风景后，我们将到达理想的彼岸。而彼时的我们将是高出他们半个头的年轻人，但愿我们还能时时想起他们的关心和教诲，用他们的人生智慧指导我们未来的生活。

43 好平台，高起点，宽眼界

随着高三一轮复习的有序推进，合肥六中高三全体学子正在年级部有序的计划安排下，就高中各个学科的知识进行着紧张地复习。为了调动学生的学习热情，掌握科学的复习方法，我约请了合肥六中2015届优秀毕业生翁同学利用班会时间给学弟学妹们提出建议。翁同学现就读于北京大学化学系。本次发言，她跟学弟学妹们分享了她在北大的学习和生活，鼓励学弟学妹们朝着自己的理想奋力拼搏。相信大家从她的发言中能获得很多有效的启发和鼓励。

你们的班主任王老师也是我在六中时的班主任，通过和她的多次交流，我一直想跟高三(31)班的学弟学妹们分享我在北大的学习生活。现在，期中季终于过去，杂七杂八的活动在这个周末放了我一马。趁这个机会跟大家分享一下我考入北京大学后的学习生活吧。

1.学业并没有远去

不管我承认与否，过去十八年，我的学习并不是如我以前所认为的那样自觉自主。上课随着老师的节奏学习，课下完成老师布置的作业，间或按老师的要求完成课外作业，学习节奏非常固定和被动。那时我所有的所作所为都可以用“为了高考”这个理由来解释。我以为为数学受虐是为了高考，我以为刷竞赛与自主招生试题是为了高考，我以为高考之后一切都可以迎来解脱。

可事实并不是这样。大学，是学业生涯的开始，而不是结束。

我以为我过去的学习是出于自己的兴趣。我以为我从没有被“分数至上”的思想扭曲到畸形。然而当学习的自由真正一览无余地摆在我面前时,我才开始感到迷茫。

开学的最初几个礼拜我非常绝望。我发现我完全被高数、线性代数、普通化学“绑架”了。高中时的我多么排斥竞赛啊,可是现在我每门课学的知识都比那时的竞赛更难。没有人叮嘱你每一步应该干什么,老师不会催促你交作业,不会要求你购置辅导资料,甚至不要求你按时上课。

太多人逃课,太多人不写作业,太多人直到考前才开始刷夜。当然也有人终日学习,也有人抱着《数学分析》琢磨其中的每一道题,有人淡定刷完每一本《吉米多维奇数学分析习题集题解》,有人选课时选满了学校规定的25学分还不满足,还要专门前往学工部要求多选几门课。每人都有自己的选择,再也没有家长跟在身后告诉你孰对孰错。

2.活动层出不穷

在北大,可以说每时每刻,总有一些活动在校园的某个角落进行着。从早晨六点到晚上十点半,五四体育场人流不断;从周一到周末,百周年纪念讲堂前的广场总有不同的人摆摊宣传活动。楼道内张贴海报的宣传栏,每周清空时都是厚厚一摞。昨天,方文山还来北大做了讲座。校学生会、院系学生会、学工部、几百个活跃的社团也都有层出不穷的活动。

面对这么多活动,该如何选择?我知道有人选择与上述所有活动分道扬镳,我也知道有人每天忙碌地奔波于数个社团和学生会之间。有人因为翘了太多课挂了刚刚结束的高数考试,也有人各种活动加身却依然成为GPA大神。

如何安排时间是大学最大的挑战。每周末我都要插缝一样地规划自己的每个小时。学习、学工、放松、看书、练琴、和朋友小聚,我的时间是我的自由，却也是我的压力。

3.关于未来的选择

或许现在你们不需要想那么多，只要安心完成今晚的作业就行了。但是来到大学后，你会突然觉得整个人生仿佛都铺开在你眼前。你会觉得自己已经逼近了一个名叫“未来”的岔路口。在学院里选择什么方向？毕业后选择出国还是保研还是就业？选择做学术还是去企业还是创业？年轻的魅力在于所有选择对你都是开放的，可正因如此，也是致命的。对于选择，所有人都是严肃而庄重的，因为一旦选择了就无法回头。

即使是在北大这个全中国顶级的“象牙塔”，人们仍然不能摆脱“功利性”思想的影响。很多人做选择时考虑的是“我要以后赚更多钱”“为了将来更优越的生活”。为什么不想想“为了将来更快乐的生活”呢？只有选择你发自内心爱的东西，才能做到快乐地生活。

4.对高三(31)班学弟学妹们说的话

我不敢说我的高中生活是值得学习的。身在竞赛班的你们可能比我优秀得多。但有一点是没错的，那就是给自己一个梦想，一个目标。在这里请允许我插入一个广告：北大的文科和理科在全国都是领先的。在六中的日子里我身边连获得省一等奖的人都少见，我觉得能进省队的学霸是高山仰止般的存在。可是在北大，我的室友高二时就获得了生物竞赛国家金牌，在同龄人于高三苦海中挣扎时她已经提前一年作为预科学生来到北大。在这里，国家金牌已经是正常的存在，就连国际金牌也不难寻觅。他们并不是神，他们也有高数题不会做的时候，他们也会为了学五食堂一份鸡腿饭翘掉一节化学课。最起码，现在我可以说，我不会因为他们的优秀而诚惶诚恐。选择一个好的平台，是给自己更高的起点、更宽的眼界。

44 细研课本助力有效备考，深耕教学研促专业发展

习题课是高三教学的重要环节，对于学生思维能力的培养和知识的巩固起着至关重要的作用。12 月中旬的教研活动，我安排了两节课一轮复习的习题示范课，由韦老师和陈老师承担，高三英语组全体教师前往听课。

韦老师的习题课内容是讲解第 13 期双语报模块 1-4 综合能力测试题。学生已事先完成习题并由韦老师全批全改。单选题部分，韦老师首先订正了答案，接下来对正确率较低的题目进行重点讲解。韦老师并没有采用传统的注入式教学满堂灌，而是让学生成为课堂学习的主体，尝试让做错的同学提出疑问，做对的同学解释理由，使得同学们的模糊知识点变得清晰，应试能力得到进一步提高。完形填空部分，韦老师首先设置了和文章内容相关的几个问题要求学生回答，然后针对正确率较低的题目引导学生结合语境和生活常识发现问题、解决问题。最后的任务型读写环节是对学生基础知识的全面考查，韦老师请一个小组的同学按顺序回答每空一词，有疑问的地方全班同学一起解疑纠错，总结规律。韦老师引导学生积极思考并对学生的理解加以补充说明，对其中一些重要考点，韦老师还给出高考经典例题帮助学生进行巩固，充分调动了学生参与课堂的积极性，也帮助他们更好地掌握了解题要领。

陈老师的习题课主题是单项选择题，使用的讲义是她从高考模考及近期联考、段考中精心挑选、总结出的一套巧解单项选择题。单项选择是高考英语的基本题型之一，用来考查词法、句法、惯用法、交际用

语、词语辨析等各项内容。做单项选择题时，应具有扎实的语言基础，这是学生在平时的学习中应不断积累的，陈老师本节课的主要目的则是帮助同学们掌握一些必要的解题方法。陈老师把易错单选题分为改变句式型、插入隔离型、省略成分型、思维定式型和母语干扰型。每一类题型中又有近期刚做过的错题回顾和帮助同学巩固的典型例题。陈老师要求学生从错题入手，运用设疑、启发、诱导等方式，鼓励学生各抒己见，自行总结归纳该类型题目的解题要领和技巧。陈老师对学生的原有基础有准确的估计，注重从学生的思维角度去剖析问题，引导学生总结规律、探索方法和培养能力。精讲部分结束后，陈老师给学生准备了 10 道"小题狂做"，帮助学生对刚讲过的知识进行及时的巩固和复习。

课后，高三英语组全体教师对两位老师的公开教学进行了集体评课。各位听课老师都对这两节课给予了高度评价，认为两位老师准备细致，讲解通透，课堂时间安排紧凑，能够使学生的注意力始终高度集中。两位老师对课堂内容掌握熟练，充分了解学生实际，对知识点归纳总结准确到位，使学生能系统化地学习知识；同时注重引导学生，提高学生的学习热情，使他们由被动的接受变为主动的参与，具有很高的实效性。各位老师同时还对课堂内容中一些专业性的小问题进行了热烈的讨论，收获颇丰。

最后由我总结发言。我指出，这两节习题展示课非常有意义，而且以后这样高质量的展示仍会继续。我们将努力为提升全体英语教师专业水平做出更多有意义的探索和尝试。

45 增强学习获得感，提升班级凝聚力

高三的工作紧张而忙碌，一切都在有条不紊地进行着。工作之余，我很喜欢把自己的班级管理经验或者教学心得用文字的形式记录下来。于是，这篇《增强学习获得感 提升班级凝聚力》* 发表在《中国教师教育》杂志 2016 年 12 月第 6 期上。现分享给大家，希望对同行们的班级管理有所帮助。

2016 年 5 月 31 日，《中国语言生活状况报告(2016)》在北京发布，"获得感"成为新词语。国家在不断深入改革，增进民生福祉，就是要让老百姓有更多"获得感"。对于一所学校、一个班级来说，让学生增强学习获得感，提升班级凝聚力，是我的工作目标和努力的方向。

学习获得感的增强其实就是学生学习品质的提高。学习品质不仅指学生的学习成绩，而且还应该包括学习态度、学习习惯、学习方法、学习过程和学习能力五个方面。换言之，学生的学习获得感也应该主要表现在这五个方面。尤其对于进入高二理科实验班的学生来说，他们在高一顺利度过了从初中到高中的过渡期和适应期。高一升高二分科时，他们选择了理科，他们能顺利进入实验班，足以表明他们很优秀。到了高二，他们就进入了高中第三个阶段：积累期。这个阶段是高中极为关键的一个阶段，要持续高二一个学年。这个阶段也是他们最容易出现分化的阶段，因而，在班级管理中，在开展同伴教育，实施小组合作学习的前提下，密切关注和不断增强学生学习获得感，显得格外

* 收入本文时有删改。

重要。

我们常说,态度决定一切。对于一个学生来说,学习态度是第一位的。“三岁看小,七岁看老”,其实说的也是态度问题。好的学习态度是增强学生学习获得感的前提条件,多数孩子在学习品质上输给别人是因为首先在态度上输给了别人。在这一点上,我在班级管理中要密切关注,尤其在实施小组学习管理模式中,要让学习态度好的同学担任小组组长或者成为小组核心成员,让他们时时提醒组内学习态度不好或者有待端正的小组组员,让组内同学整体保持好的学习态度,以此作为增强学习获得感的保证。

好的学习习惯不是一蹴而就的,而是靠时间慢慢养成的。有一部分同学从初中升入高中时,学习习惯并不好,是靠家长和老师逼着,然后通过努力进入优质高中的。但是,进了高中后,这些同学又现了原形,尤其面对高中繁重的学业,他们应接不暇。我们知道,好的学习习惯对于增强学习获得感是不可或缺的。对于学习不自觉、习惯不好的学生,我反复和他们交流,帮助他们把每天的学习任务在时间上作细致分解。如晚上处理当天作业和预习明天课程时,要尝试着在规定时间内完成,做到不磨蹭,不拖延。刚开始,被规范的学生会感到很痛苦,但是随着时间推移,他们的学习获得感在增强,也就慢慢养成了好的学习习惯,步入正常的学习轨道。

学习有法,教无定法。这句话在教育界比较流行。其实,对于不同学生,学习方法也不尽相同。尤其进入高二,在学好高考学科知识的同时,还要兼顾有学测任务的文科科目(政治、历史、地理)的学习。而且,班级同学都是第一次进理科实验班,大家也是摸着石头过河。于是,我就积极组织各学习小组进行交流,并且要求各个小组派代表利用班会课在班级进行交流,把好的学习方法跟全班同学分享、共享。做到他山之石,可以攻玉!通过近半个学期的努力,班里每个同学都对自己原有的学习方法进行了调整或者纠正。这样,学习方法找准了,学习效率提高了,学习获得感会自然而然增强。

学习过程是学生在端正学习态度,保持良好学习习惯,掌握属于自己的学习方法的前提下,不断持续向前推进的过程。在学生中间有这样一种说法,平时学习生活中,由于课业比较繁重,学渣和学霸差距不是很明显,但是一个长假回来,学渣更渣,学霸更霸。这是因为在放假期间,学渣放慢了学习节奏或者不学了,而学霸会充分利用假期,做好复习和预习工作,从而保证学习过程的完整性。鉴于此,我在假期跟家长保持密切联系,要求学生定期反馈在家学习情况,从而保证学生学习过程的完整性,达到增强其学习获得感的目的。

学习能力因学生不同而不同。学习能力的高低不仅取决于学生自身的智力水平,更取决于学生的学习态度、学习习惯、学习方法和学习过程。在智力水平处于同一个层面的情况下,学习能力更多是由前面四个因素决定的,可以理解为是多方面因素共同作用的结果。明确了这一点,我在班级管理过程中注重时时引导,充分发挥小组同伴力量,实现组内合作和组间竞争,充分挖掘学生学习内驱力,提升班级凝聚力。

为了进一步明晰学习态度、学习习惯、学习方法、学习过程和学习能力对增强学习获得感的影响,我还在班级进行了一次问卷调查:增强学习获得感最关键的因素是哪一个?五个选项分别是:A.学习态度;B.学习习惯;C.学习方法;D.学习过程;E.学习能力。

全班56名同学,根据自身情况进行了选择,调查结果显示:选择学习态度的有8人,选择学习习惯的有10人,选择学习方法的有24人,选择学习过程的有10人,选择学习能力的有4人,占全班人数百分比分别约为14.3%、17.9%、42.9%、17.9%和7.1%。

从调查结果可以看出,学生对于学习方法最为关注。这是因为我所管理的班级是理科实验班,学生整体水平均处在同一年级前端,在学习态度、学习习惯、学习过程和学习能力上也大致处于同一层次,仅在学习方法上存在着差异。这样的调查结果表明在提高学生的学习品质和增强他们的学习获得感这两个方面,学习方法发挥着举足轻重的作用。这些数据同时也为班级深度管理提供了依据,帮助我们在提升班级凝聚力上迈出了富有内涵的关键一步。

46 思考，理解，改变

2017年寒假的假期虽短，但我却是收获满满。作为合肥市英语学科带头人，我有幸来到了北京师范大学参加高端培训。其间，我与多位国家级教育专家零距离接触，聆听他们精彩的专题讲座，如饥似渴地学习着新课程的理念与策略，积极探讨信息技术与学科整合的理论与实践的可操作性。于我，这是一次在教育理念上的洗礼，在教学知识上的强劲“充电”，我觉得大脑不再是一只可被填充的容器，而是一团可以被点燃的火把。

首先，我学会了思考。通过聆听教育部教育装备研究与发展中心曹志祥主任的关于《课程改革的热点分析》的讲座，我们进一步了解了中国目前的基础教育现状：事业规模大，发展速度快，师资经费投入少。我们也知道了目前学校教育普遍存在的问题：有知识但无智慧，有规范但无道德，有目标但无信仰。而这种教育体制造就的学生，大多缺乏批判和怀疑精神，容易盲目信任教师和教科书，对知识的掌握只能静态复制，不能动态生成，只能被动接受，不能主动建构。这样的学生成了教师教材“权威”的“传声筒”，死记硬背现成的结论，缺少自己的主见，缺乏在学习上持批判的态度。还有一部分学生，虽然解题能力很强，但是发现和提出问题的能力很差。这主要是由于我们的一部分教师将能力仅仅理解为解题的能力，使学生为了获得较高的考试分数而陷入茫茫题海中。尽管我们不能否认解题能力的培养很重要，但是更重要的是培养学生发现问题、认识问题的能力，实践的能力和研究的能力。教师不仅要能研究别人提出的课题，更重要的是能从实践中自己找出问题来研究。因此,这就要求所有教育者深思。

其次,我懂得了理解。通过聆听北京十一学校分校刘艳萍校长的关于《北京十一学校校本课程建设与开发解析》的讲座,我懂得了我们的教育要培养的是“充满个性、丰满的公民”,而不是让孩子们“聪明伶俐地进去,呆若木鸡地出来”。我们对孩子要学会理解,我们很多人都想当然地认为自己给的都是学生想要的,殊不知我们都是活在自己的世界里,自以为是地付出,这样势必得不到应有的回报。所以我们要学会珍惜孩子的个性差异,要根据孩子的成长需求制订适宜他们的学校行为活动,要懂得享受自己的缺失,因为“完美只是个概念”,因为“教育的功能就是发现、唤醒和帮助”,所以我们要教会孩子“发现自己,唤醒自己,成为自己”。

最后,我学会了改变。通过聆听北京师范大学心理学院教授、博士生导师、咨询与临床心理学研究所所长刘翔平教授的讲座,我明白了教师的职业倦怠产生的原因和表现,也明白了如何在以后的教学生涯中改变自己,克服职业倦怠,寻找职业幸福感,在成长中感受幸福,在幸福中促进成长。这种成长包括与家人共同成长,与学生共同成长。在与家人共同成长的过程中,教师可以享受天伦之乐,可以享受丰富多彩的现代生活,可以做一个完完整整的人,一个快乐时尚的人,一个幸福的人;而在与学生的共同成长中,教师不仅可以为学生的学业进步而感到喜悦,为学生的勤奋努力而感到高兴,也可以为自己的教学进步而感到欣慰,为师生的教学相长而感到快乐。

此次培训,我真正感受到了教育是充满智慧的事业。我将会把学到的教学理念根植到自己的教学实际工作中去,提升自己的教育思维能力、教育研究能力、教育技术能力和教育实践能力,为争当一名智慧型教师而努力奋斗!

此次培训,我认识到了自己肩负的责任,今后我将学以致用,将新知识内化为自己的教学实践,结合自己的教学实际,向同行学习,让培训的硕果在教学中大放异彩。

此次培训，我还深刻地认识到教育是份充满智慧的工作。它与爱心有关，它与奉献有关。一名教师要高质量地完成自己的教育教学工作，就必须不断更新自己的教育知识和理念，与时俱进，不断发展自己，充分发挥自己的特长，以科学的方法、奉献的精神、鲜明的教育个性、出色的教学风格实现工作目标。

人常说，想要给学生一杯水，教师要有一桶水，但此刻我却感觉这种说法已经跟不上时代发展的步伐了。想要给学生一杯水，教师可能要当饮水机了。

47 春迎新绿好时节，未雨绸缪新学期

新年过后，伴着春日的暖阳，高三的最后一个学期开始了。满怀着所有的期待与希望，所有的向往与憧憬，合肥六中高三英语组在浓浓的春意中举行了新学期第一次教研组会议。年级部领主任亲自参加并全程督导，我作为英语学科主任兼高三教研组组长主持了此次会议。

距离高考还剩 3 个月，如何统筹布局本学期的教育教学任务，对本学期复习进行合理规划，提高高三复习的效率，帮助学生迎战高考，是本次会议的主要议题。早在 2 月 26 日和 27 日，英语教研组对二轮复习资料就进行了打磨研讨。在此次教研会上，我再次指出，二轮复习资料是我们老师借鉴往届的复习经验，根据考试说明的要求和一轮复习中学生常出现的问题精心编写的宝贵财富，一定要切实根据学生具体情况用到实处。根据本学期的时长和英语学科的课时数，本次会议上大家确定了整个学期每周复习的内容和进度安排，主要包括语法和词汇专项复习、题型专项复习和综合卷实战练习，在一轮复习的基础上进行进一步的巩固、综合和提高。为了让学生提前适应高考英语听力的环境，年级部协调安排本学期每周一早读时，由年级统一播放英语听力并要求精选听力材料。一切为了学生是我们的工作重点，但提高教师自身素质更是这项工作的保证。为了更好地锻炼老师、促进老师之间的交流，我重新安排了本学期的公开课任务，保证每位老师至少一次。此外，会议确定了本学期的复习专项、周测试卷、听力播放、资料收集等各项工作由专人负责。

校园里充满青春的气息,激起人心中无限的斗志。学期虽刚开始,但我们已经做好全部的准备,心中也有万分的把握。我们相信,“老去又逢新岁月,春来更有好花枝”。

48 趣味运动展笑颜

为了让高三的同学在紧张的学习中放松心情，缓解高考所带来的压力，增强团队合作的意识，也为了给莘莘学子留下一段关于高中生活的美好回忆，合肥六中高三趣味运动会拉开了序幕。

因为很多同学都是第一次参加趣味运动会，所以他们对比赛尤其期待。早在几个月前他们就询问老师们比赛的时间和内容，然后就议论着各种战术，尽管班主任一再强调重在参与，但年轻人好胜的心理决定了他们可不仅仅只想做个“参与者”。

踩气球、抢棒棒糖都是热门的比赛项目，报名人数很快就满了，难度稍大的项目报名的人数稍微少一些，但是热情的同学们还是没有让老师们闲着，依然踊跃报名参加，大家在笑声中度过了愉快的一天。有的家长“偷偷”潜入，第一时间发朋友圈向场外的家长们转播赛况。

最激动人心的就是拔河比赛了。这是一个集体项目，要求每个队除男、女学生若干名之外，还要该班的男、女教师各一名参赛，这既考验了各班同学的团结协作能力和凝聚力，同时也增强了师生之间的感情。比赛气氛紧张而热烈，不论是比赛的同学还是加油助威的同学，都为本班取得优异的成绩贡献了自己的一份力量。整个趣味运动会在轻松愉快的气氛中圆满结束了，此时此刻，比赛的成绩已经不那么重要了，重要的是同学们体会到了活动带给他们的轻松和愉悦。活动中，班主任、任课教师齐上阵，和同学们一起加油鼓劲的场景更是深深地印在每个人的心中。

在高考即将来临之际，这次“高三心理减压趣味运动会”成为了高三师生的心灵加油站，展现了学校师生团结、生生互助的良好精神风貌和心理素质。在运动会中，同学们或跑或跳，或说或笑，让自己的身心得到了极大的放松。该努力的时候好好努力，该玩的时候尽兴玩，人这一生，唯有自己不可辜负，因为全世界，你最珍贵！

49 “小组合作学习”模式在英语课堂教学中的具体运用

班里的一切工作都在有条不紊地进行着。忙里偷闲，我把自己的班级管理模式和理念整理成文，创作了一篇文章，名字就叫《“小组合作学习”模式在英语课堂教学中的具体运用——以 Module 6 Unit 18 Lesson 1 What Is Beauty? 为例》*，发表在《中国教师教育》杂志 2015 年 6 月第 3 期上。现全文奉上，以飨读者。

合作是指两个或两个以上的学生或群体，为了达到共同的目的而在行动上相互配合的过程。“小组合作学习”是在班级授课制背景的一种教学方式。合理有效地运用“小组合作学习”模式，可以给课堂教学注入活力，很好地发挥学生的主体作用，它不仅可以使师生之间、生生之间更有效地进行语言交流，培养学生的合作意识和团队精神，而且还可以培养学生的探究意识，开发学生的潜能，进而促使学生互相学习，共同提高，极大地提高课堂教学效率。下面以北师大版英语教材 Module 6, Unit 18, Lesson 1 What Is Beauty? 为例，谈谈“小组合作学习”模式在英语课堂教学中的具体运用。

1.教学背景和目的

1.1 教学背景：本文是一篇议论文，文章紧扣“什么是美”这一主题，探讨了人们在不同时代、不同种族、不同文化背景下对美的理解和标准，表明了没有“不变的、绝对的美”的观点，揭示了“The human race

---

* 收入本文时有删改。

would die out if we could only see beauty within a set of limited criteria”(如果人们只用有限的标准看待美的话,人类社会就将灭绝)这一事实。这样的话题很容易和当下的一些热点社会现象相联系,学生对此也十分感兴趣。

1.2 教学目的:引导学生如何发现周围美的事物(Spot Beauty),如何分析不同美的种类(Analyze Beauty),积极探讨“美”的真正定义(Define Beauty),进一步引导学生了解和比较不同文化的审美观念,最后让学生树立正确的“审美观”(Understand Beauty),学会欣赏一切美好的东西(Admire Beauty),让生活变得更加美好(Achieve Beauty)。

2.课前准备

2.1 把全班 56 名同学按照英语水平和性格特征分为 8 个组,每组 7 人。

2.2 每组成员在课前积累尽可能多的描绘美的形容词,如 beautiful, elegant, graceful 等。

2.3 每组成员在课前搜集与美这个话题相关的各种材料,如图片、文字、音频等。

3.教学过程

3.1 Step1 Lead-in:发现美(Spot Beauty),分析美(Analyze Beauty)。

3.1.1 实施过程:教师向学生展示了各种各样美的图片,引导学生讨论对美的定义。由于不同的小组和同学对美有着不同的看法和见解,老师自然而然就带领学生进入了本文的主题——Beauty is in the eye of the beholder(情人眼里出西施)。

3.1.2 设计说明:在此部分,“小组合作学习”模式得到了初步体现。不同小组的成员根据自己收集和积累的图片和词汇,积极调动自己的已知,发现了身边各种各样美的人和事,分析了不同种类的美,如西方美和东方美(Western Beauty & Eastern Beauty),传统美和现代美(Traditional Beauty & Modern Beauty),知性美和妩媚美(Intellectual Beauty & Enchanting Beauty),肥胖美和纤瘦美(Overweight Beauty & Slim Beauty)等,通过分析发现美没有统一的标准,不同的时间、不同的文化和不同的人群对美有着不同的看法。

3.2 Step 2 Reading:定义美(Define Beauty),理解美(Understand Beauty)。

3.2.1 实施过程:进入课本内容后,老师先让学生预设本文有可能会谈到什么内容,进而通过略读验证得知两种不同的美——外在美和内在美(Physical Beauty & Inner Beauty),然后通过对不同历史时期、不同文化种族、不同社会背景人们对美的标准不断变化的阅读,让学生意识到并理解,外在美会根据不同的标准而改变,会随着时间的流逝而消失,只有内在美才是永恒的。

3.2.2 设计说明:在此部分,"小组合作学习"模式得到了进一步推进。在预测(Predicting)部分,各小组成员积极参与,大胆预测本文有可能会谈到的内容,如对美的具体定义,美与丑的比较等,后来虽然通过略读(Scanning)得知这些内容都不准确,但学生还是通过这个部分锻炼了自己的预测能力和口语表达能力,而这些能力对英语学习来说都是至关重要的。在之后的快读(Fast Reading)部分,教师特意设计了一些课堂活动,如关键词填空,判断句子正误,找到每段的主题句,发掘文章的写作结构等,旨在激发小组之间的比赛和竞争。在做这些活动时,每个小组成员都充分抓住机会,踊跃举手回答,当发现本组成员回答有错误或不完善时,其他成员立刻站起来纠正。这样既有利于促进小组内成员之间的合作与互助,又能够充分展示组与组之间的交流与竞争。在仔细阅读(Careful Reading)部分,教师设计了单词词义的猜测解释和重点问题的提出与回答两项活动,并创造机会,尝试使用各种各样的教学活动和方法,如个人活动(Individual Work)——个人独立阅读,根据教学内容和高考要求划出重点词;两人一组活动(Pair Work)——两人互相帮助,根据上下文内容和图片理解猜测并解释生词含义;小组活动(Group Work)——组内成员共同合作,提出本课中的疑难问题,然后共同商讨解决。

3.3 Step 3 After-Reading:欣赏美(Admire Beauty),创造美(Create Beauty)。

3.3.1 实施过程:教师先向学生展示一些明星进行医疗手术美容前后的图片,并提问"Which kind of beauty is more important, inner beauty or physical beauty?"然后让学生分成两个大组(Team Work)——正方和反方,就这一话题进行辩论,并且说出自己的观点和原因。

3.3.2 设计说明:在此部分,"小组合作学习"模式得到了全面发挥和展示。首先,正反方成员在辩论前都做了大量细致的讨论和研究工作,这样在阐述自己的观点时才能做到有理有据。比如,认为外在美更重要的反方用白雪公主的例子,说明在童话世界中长得漂亮的人通常心灵都很美;反方还用了科学家最近的一个调查结论——如果一个求职者外表更出众,那么他会给雇主留下更深刻的印象,因而他得到的机会会更多,成功的概率也会更大,证明 A better-looking person may have a higher chance of getting what he /she wants, thus making it easier for him/ her to succeed; 而认为内在美更重要的正方则引经据典,利用课本上学过的各种词汇和句型,以此证明 Physical beauty only exists a short period of time while inner beauty can last forever. 其次,在辩论过程中,正反方各组分工明确,责任清楚,比如,双方都有第一辩手、第二辩手、第三辩手,等等,而且都有书记员,结论陈述员。这样既保证了整个辩论过程可以激烈而井然有序地进行,更充分展示了小组合作的精髓。最后,在老师的引导下,正反方各组同学达成了共识——Physical beauty provides us with access to success, but it is inner beauty that helps us to be more successful,这种共识引导学生形成了正确的审美观,并且会帮助他们不断地努力，去创造更多美好的东西，为自己，也为整个社会。

4.课后反思

4.1 本节课流程顺畅，层层递进。实现了知识与技能、过程与方法、情感态度与价值观三维目标的高度达成。

4.2 本节课充分体现了学生主体性和教师主导性相结合的原则。在整个教学过程中，教师始终坚持以学生为主体实施教学，为学生创设了广阔、宽松的学习环境，给足了学生自主发挥的空间，让学生有更多的机会发表自己的看法，充分利用自己的创造性思维，形成对相同问题的不同答案。

4.3“小组合作学习”模式在每个环节都得到了充分展示和运用。多种形式的小组活动，如个人活动（Individual Work），两人活动（Pair Work），小组活动（Group Work），集体合作（Team Work）等的展开，使得同伴之间相互帮助，动手实践，在实践中发现、探究身边的各种美，这样既提高了学生的学习兴趣，又通过满足学生的各种内在需要激励了他们的参与意识，并能使他们在参与学习的活动中得到愉悦的情感体验。尤其是最后的辩论更是提供了一个绝佳的机会，让每一个人都能畅所欲言，把本课所学的知识和内容及自己的理解很好地表达了出来，而一些同学独到的见解更是让所有听课的老师和评委都频频点头称许。

5.专家观点

合作学习先要学习合作，让小组真正成为小组，让同学真正成为“同学”，从合坐、合作到学习共同体、精神共同体。学会合作是一门技能，是需要训练与培养的。有效的“小组合作学习”发生需要具备五个前提条件：建立积极的相互依赖；进行面对面互动；明确个人责任和小组责任；有意培养人际和小组交流技巧；小组自动化运作、及时总结反思。

50 构建多元研修模式，促进学科教师专业发展

作为英语学科主任，我深知，学校发展离不开教师的专业发展，教师专业发展是学校发展的原动力，是教育质量提高和教学改革成功的关键。所以，在促进教师专业发展的实践中，我所带领的英语学科组顺应学校发展规划，以校本教研为载体，以交流反思为平台，以校本培训为契机，以课题研究为依托，构建多元研修模式，促进学科教师专业发展，并取得了一定的成效。经过多年的思考和实践，我创作了一篇题为《构建多元研修模式，促进学科教师专业发展——以合肥六中英语学科组为例》* 的文章，发表在《教师教育论坛》2015 年第 6 期上。现全文奉上，以飨读者。

《国家中长期教育改革和发展规划纲要（2010—2020 年）》提出"推进义务教育均衡发展"，不仅为现阶段教育教学改革指明了方向，而且为新时期更好地贯彻党的教育方针、全面推进素质教育、促进教育教学改革与发展、构建优秀的专业教师队伍指明了方向。教师专业发展的迫切性和持久性是每一所学校必须面对的永恒课题。近年来，作为安徽省示范高中，合肥六中在促进教师专业发展上做了多方面的工作，对教师的成长提出从新教师到合格教师再到校骨干教师，从市教学能手到市级骨干教师再到市学科带头人，直至到省特级教师、教育名家的发展路径。作为拥有 50 名教师的学科团队，英语学科组构建多元研修模式，为促进教师专业发展做了大量的有益实践与探索。

---

* 收入本文时有删改。

一、以校本教研为载体

“校本教研”是以学校为基础、以教师为主体、以行动为导向的学校教育教学研究，校本教研旨在从学校教育教学实践中的具体问题出发，通过全体教师的共同研究，并在专家的引领与指导之下，达到解决困扰性的问题、提高教育教学质量的目的，最终提升教师的专业成长。校本教研是提升教师综合素养的有效手段。随着课程改革的不断深入，形式多样的校本教研在学校得到前所未有的重视，这对促进教师专业发展产生了积极影响。校本教研关注课程改革最前沿，关注最新理念，以最基础、最实际、高视野、低重心为出发点，已经成为学校教研工作的重要载体，通过不断引导教师解决教学实践中所存在的各种问题，进一步促进了教师专业能力的发展。

在活动实践中，英语学科组以学校为主阵地，以本组全体教师为主体，通过系统的校本教研活动，解决了课程中存在的多层次问题。具体做法是：在每学期结束之前，学校要求全体教师必须准备好下学期的校本教研方案，要求每一份校本教研教案必须是详案，有具体的操作过程，并包括3~4个课时的教学内容。在具体实施过程中，英语学科组全体教师根据具体情况，结合本年级的教材，借鉴优选的校本教研方案，保证了各年级都有本可依。在教研活动中，教师针对自己在教育教学中的问题和困惑各抒己见、畅所欲言。这种学术思想的交流、思维火花的碰撞不仅有利于教师间的了解与沟通，而且还促进了英语学科教师共同体的发展。实践证明，扎实有效的校本教研活动，为教师的专业发展注入了勃勃生机。

二、以交流反思为平台

教师专业发展的过程就是教师内在专业结构不断更新、演进和丰富的过程。教师的专业反思有助于其在专业知识与技能态度上的个人成长和自我实现。反思分为自我反思和集体反思。自我反思是教师专业发展中重要的过程，是教师自我发展的有效途径。集体反思是与同伴交流过程中实现的反思，也是同事合作之间的协作性反思。在团队或教研组内进行集体反思时，可以激发个人的思维，激起多维而又多层次的思考。以别人的眼光来审视自己的教学实践，能使自己对问题有更深刻的认识，同时获得更广泛的解决问题的途径。

在教学活动中，英语学科组不仅要求所有老师做到课前写好教案，熟悉教案，灵活运用多种教学手段和方法达到教学目的，还要求每一位教师能够认真做到课后反思，并把反思以文本的形式记录下来，为以后的教学做好准备。另外，在参加公开课尤其是同课异构的教学观摩后，英语组也会组织组内老师认真评课，对课堂的每个环节进行深入交流和探讨，既指出成功之处，又提出改进意见。这种做法有利于形成有效的探索氛围，有利于教师教学基本功、教学技能、教学智慧的凝练和提升，有利于教师展示不同的教学个性、教学理念和教学设想，更有利于教师解决教学中的实际问题，形成新的教学观点，实现组内同伴共同进步。实践表明，教师在反思交流中能不断提升自己的专业素养，其自身的专业发展也呈现出循环上升的趋势。

三、以校本培训为契机

“校本培训”是以促进学校发展为目的，针对学校师资队伍现状和教育教学改革与发展所面临的实际问题，充分利用校内外的各种资源，由学校策划和组织实施的面向全体教师的继续教育活动，校本培训对于提升教师素质和专业能力起着十分重要的作用。因此，在促进教师专业发展过程中，学校要把校本培训作为促进教师综合素养提升的一个强有力手段，发挥其应有的作用，成为学校发展中的一个突破点。在实施校本培训促进教师专业发展的过程中，要充分考虑学校的实际情况，结合教师的专业发展需求，科学地利用资源，并让教师积极地参与其中，通过校本培训帮助教师实现从理论认识到操作系统的转化。

近年来，学校十分重视校本培训，在校本培训工作的开展过程中，努力做到以解决实际问题为立足点，以创建有利于激发全体教师持续互动学习与实践的校本研修方式为突破口。根据学校要求，为进一步提高全组教师的师德修养、文化素养和教学、教研等业务能力，英语学科组自 2010 年以来，每年暑假都对 35 岁以下的青年教师进行为期 10 ~20 天的校本培训。具体培训方式为：聘请校内名师，以两天为一个单位，对青年教师进行培训，培训内容包括备课、上课、命题、撰写教学论文等，通过让青年教师逐步吃透教材，熟悉教研教学常规，进一步夯实他们的学科专业知识。在此基础上，再以两天为一个单位，由导师集中培训。此外，学校密切关注对骨干教师的培训，积极组织骨干教师参加高端培训，如组织骨干教师参加 2013 年由安徽省教育学会开展的安徽省普通高中骨干教师专业能力提升高端培训。学校还组织骨干教师出国培训，如从 2015 年起定期选派 4 ~ 5 位优秀中青年教师赴英国参加在剑桥大学举办的英语培训班，组织部分骨干教师参加全国中小学优秀外语教师出国留学奖学金项目培训和 AFS 国际文化交流项目出国培训等。

四、以课题研究为依托

“课题”一般指的是要尝试、探索、研究或讨论的问题。“课题研究”则是指研究者为了改进教育教学实践，解决教育问题而进行的研究活动。它是教师在教育科学研究过程中最常见的、最基本的方式。课题研究一般包括课题的选择与论证、制订研究计划、查阅文献资料、实施研究、研究成果评价和推广等几个方面。由此可见，教师在进行课题研究时，不仅能学习到研究时所需要的理论知识，掌握研究的基本方法，而且还能激活教师已有的知识储备，成为教育理论与实践相衔接的桥梁。对学校而言，课题研究是学校不断促进教师专业成长，培养优秀教师的重要途径，也是学校内涵发展的动力源泉。对教师而言，课题研究是其提高自身整体素质、提高工作质量与效率的重要手段。

因此，学校为了更好地促进教师的专业发展，达到“教研兴校”的目标，在繁重的教学工作之外，还鼓励教师积极参加市教育局和学校组织的各种教科研活动，申报各项国家级和省级课题，如英语学科组骨干教师参与的国家级课题“课堂教学与英语高考完形填空和阅读理解的相关性研究”已顺利结题，并获得了国家级课题评比一等奖，由英语学科组教师承担的省级课题“探究新课标下由有效走向优质的英语课堂教学”已通过中期验收，即将结题。经过长期的实践和探索，英语学科组教师专业成长迅速，不少教师成为国家级优秀教师、特级教师、省级教坛新星、省级先进教育工作者等。

信息化时代的到来，给教育带来了革命性的变化，催生出许多新的学习形态，如在线学习、开放课程、慕课、微课等，这不仅会给传统的课堂教学带来巨大的冲击，引发教学模式、教学手段和教学策略的改变，而且也对教师的专业发展提出了更高的要求。这必将引发我们对教师专业发展的再思考。加之，在新的高考制度和方案逐步推进的背景下，教师作为学生未来发展的引路人，必须要在教育教学观念和教学方法上进行根本性的改变。在现有研修模式的基础上，我们要通过不断构建新型研修方式，不断提升教师专业素养，把教师专业发展由学校的外在需求变为教师内在的文化自觉和行为自觉，为学校开启一条内涵发展之路。

51 探究班级微格管理模式，促进学生素养全面发展

作为一名资深班主任，我明白学生是学校所有工作的出发点和落脚点，班级是学生工作开展的主阵地，而学习小组又是班级管理的一种模式。确切地说，近三年的小组合作模式的班级管理，给我留下太深刻的印象。我也创作了一篇题为《探究班级微格管理模式，促进学生素养全面发展——以合肥市第六中学开展同伴教育活动为例》* 的文章，发表在《教师教育论坛》2015 年第 10 期上。现全文奉上，以飨读者。

十八大报告明确提出："教育是民族振兴和社会进步的基石。要坚持教育优先发展，全面贯彻党的教育方针，坚持教育为社会主义现代化建设服务、为人民服务，把立德树人作为教育的根本任务，培养德智体美全面发展的社会主义建设者和接班人。"这为学校德育工作指明了方向。作为学校德育工作的核心团队，班主任如何创新班级管理模式，如何把立德树人的精神真正落实到班级管理实践中来。这是摆在每一位班主任面前的严峻课题。

对于走进合肥市第六中学（以下简称"合肥六中"）的学生来说，他们具有相似的家庭背景、相近的生活经历和共同的语言，他们有着与他人分享信息和观念的冲动与愿望，有着共同行动的能力。在分享过程中，他们也很容易对其他同伴的做法和想法产生共鸣。这是学校在各个班级深入开展同伴教育活动的起因，是班级实施微格化管理的缘由，也是学校创新班级管理模式的出发点。

---

* 收入本文时有删改。

一、以同伴引领为切入点

同伴教育是指让具有相同年龄、性别、生活环境和经历、文化和社会地位的人在一起分享信息、观念或行为技能的教育形式。德国存在主义哲学家雅斯贝尔斯在《什么是教育》一书中提到，“教育，就是一棵树摇动另一棵树，一朵云推动另一朵云，一个灵魂唤醒另一个灵魂。”同伴对同伴所产生的影响亦是如此。同伴教育理论认为，班主任在班级中按同伴关系编制学习小组时，要充分体现并兼顾“组间同质、组内异质”的原则。班主任如若对学生在学习成绩、能力、性别、家庭背景等方面的差异进行合理调整，则能够有效地促进组内每位学生成员的发展，提升组内学生整体素质。在编制学习小组时，班主任不仅要充分考虑小组成员不同的学习基础、性格特点、兴趣爱好等“异质”组合，以便形成学生成员之间的“积极互赖”，从而促进合作学习有效开展；而且还应考虑同伴互助组的“同构”及组与组之间的有效竞争，这便要求班主任在分组时应尽量使不同学习小组的整体学习能力大体相当，以利于组间竞争的公平。近年来，合肥六中在不断调研、论证和建立试点的情况下，充分认识到班级管理是一个合规律性和合目的性相统一的过程，在此基础上，学校提出在各班级积极推行并深入开展同伴教育活动，以同伴引领为切入点，在班级建立小组学习制度，对班级实行微格化管理。具体做法如下：

首先，班主任从高一学生入学开始，需要认真投入两个月左右的时间对班级中的每一位学生进行观察。在此之后，班主任应带领班内的所有学生组建若干个学习小组，每个小组的成员数控制在4~6人。建组的通常做法是：每一排课桌安排2~3位学生坐在一起，前后两排4~6位学生为一组，并通过民主选举的方式，在每个小组中选举出一位组长，担任组长的学生在合作学习中必须要扮演帮助者、协调人和“领头羊”的角色。在每周换座位时，小组整体“搬迁”，组长也要起到确保小组稳定性的作用。其次,当学生升入高二、高三学段时,学习小组必须要进行重建,此时,班主任应鼓励学生采取“双向选择”的原则:即小组长可自主选择组内成员和组外其他组员,成员也有权利自主选择合适的小组。班级中的学困生,如综合成绩排名靠后的几位学生,可自愿加入任意小组。

在班级建立小组学习制度,是为了实现对班级进行微格化管理,以便班主任和任课教师深入开展同伴教育活动。一般而言,优秀的组长或成员具备优秀的品质,在心理品质、学习态度、学习习惯、学习方法等方面能对小组其他学生产生正向的影响,在学习上能为组内成员树立榜样,充分发挥引领作用,有助于实现小组的学习目标。从某种意义上说,创建“班级是大家,小组是小家”的班级文化环境,能够有效提升学生在学习过程中的积极心理体验,增强学生的归宿感。以下是几位学生对班级小组学习制度中“同伴引领”效果的评价和反馈:

学生1:当老师提出学习问题时,组长们都起到了带头作用,积极应答,以充分的自信与激情去带动组内的同学,从而形成一个活跃的课堂。而且这还能激发老师上课的热情,使上课的效率最大化。

学生2:在学习小组里,每个人都是领导者,每个人都有优势。同伴引领,能真正帮助我们实现学习上的进步!

学生3:同处一个集体,同在一个小组,我们共同学习,我们共同进步。为了目标,为了信念,为了理想,只要我们不懈追求,不断努力,勇于拼搏,那么成功就在不远处。

学生4:在我们组中,每一个人都有自己的特长,我们组真可谓是人才辈出、全面发展的小组。每个人都会尽自己所能,发挥自己的特长和优势,将自己擅长的学科学习经验和组内其他成员进行分享。因此,每个人都会受益匪浅,在接下来的学习中都能够借鉴成功的经验，保持优势学科的领先地位，补缺补差，这也使得我们每个人都能在学业上有所进步，在成绩上有所提高，更重要的是我们在相互交流中锻炼了沟通和表达能力，有了新的发展。

二、以合作竞争为支撑点

美国教育评论家埃利斯认为，合作学习是当代最伟大的教育改革之一。组内合作，可以让学生为维护集体的荣誉而贡献自我；为提高自己在群体中的地位、获取群体对自己的良好评价而约束自我；也可以让学生享受因合作而获得成功时的快乐，体验因不合作而导致学习失败的苦恼，从而促使他们调整并规范自己，积极、认真地参与到合作学习的过程中去。班主任引导学生在小组内加强合作，不仅有利于培养他们的自主管理能力和合作学习能力，还可以促进他们非智力品质的发展。组内合作还意味着组内成员之间的互相帮助，即通过找出各自的弱点，在彼此的建议和帮助下，解决一些自己无法解决的问题。组内成员通过结成"互助对子"（"互助对子"必须是由学习状态、学习心理、学习态度、学习习惯、学习方法与学习能力等方面存在较大差异的成员构成）及时为在学习上存在困难的成员提供帮助。由于"互助对子"双方对彼此的学习状况都十分了解，所以当一方碰到学习难题时，另一方能够提供具有针对性的帮助，双方的学习效率也会逐渐得到提高。

然而，组内合作必然将带来组际间的竞争。学习小组间的竞争，有利于调动学生学习的主动性和积极性，唤醒他们学习知识的热情，激发他们学习知识的兴趣。教育心理学的相关研究也表明，竞争能使学生产生一系列良好的心理反应：求知动机强烈，情绪饱满，精神焕发，注意力集中，创新意识强，思维活跃。这既是学校实行班级小组学习制度的初衷，也是在班级深入开展同伴教育活动的重要支撑，还是现代教育培养学生竞争意识的需要，更是充满了激烈竞争的现代社会对教育的诉求。

以合作竞争为支撑点，有利于班主任充分培养学生未来的发展潜力。组内合作与组间竞争机制形成后，班级中的一些学生对自己的学习过程进行了如下阐述：

学生1：同一小组中的几个同学，就此有了特殊的联系。共同承担学习的压力，共同分享进步的喜悦，在合作与竞争中发展为亲近的伙伴关系。

学生2：我们小组不仅在学习和生活上相互竞争、相互帮助，而且在管理上也有着自己的特色。作为一个整体，我们强调个人明确分工。

学生3：我们必须遵守班级公约。我们组长来得比较早，这样便可以督促组员，不让我们抄袭作业。若有作业未完成的情况，组长则要求组员主动向老师解释和说明原因，并在课间及其他适当时间内尽快完成。

学生4：来到这组后不久，我就发现小组的学习氛围很好，同学们主动学习的能力很强，这不仅是组员们团结合作的结果，也是因为我们有一个负责任的好组长。他会制订合理的学习计划，在组员需要帮助时，他会积极主动地为别人解答。我对这一组的未来充满信心，我们的小组是优秀的。

学生5：我们组也有自己的要求。作为组长，要对组员负责。若因特殊情况不用做操时，我们便会合理利用大课间，对以往学过的知识进行复习和巩固，对最近的学习内容进行听写或抽查，这主要体现在语文课程和英语课程方面，这样做能够确保每个人都能熟悉课本知识。

三、以交流反思为着力点

人具有社会性，这就决定了人与人之间需要进行情感交流，而交流则可以使同伴之间达成共识、形成共鸣。人也需要进行自我反思，这是因为反思是个体进步的重要力量，也是激发自我积极性和创造性的重要源泉。反思是一种思维态度和思维方式，美国教育家杜威认为，反思是对于任何信念或假设性的知识，按其所依据的基础和进一步结论而进行的主动的、持续的和周密的思考，即反思是个体对问题所进行的持续不断的省思。因此，反思会让人变得更加清醒，使人不安于现状，进而给自己定下一个又一个发展目标，促使自己在规定的时间内努力完成，一步一步地向前走。

组内同伴引领与合作和组际间的竞争机制，为班级营造良好的班风和学风打下了坚实的基础。但小组合作学习机制的更好发挥、学生同伴教育活动品质的更好提升，还需要以学生间的交流反思为着力点，实现同伴教育活动向深层次的方位发展。相关研究表明，教师帮助学生审视自我的学习行为、检视自我的学习状态、省思自我的学习效果，是培养学生学习能力的重要方式。这种“审视”“检视”和“省思”在具体的学习过程中则表现为学生的反思性学习。反思性学习从进程上可以分为三类，即前瞻性反思学习、过程性反思学习和回顾性反思学习，而这三类反思性学习在整个学习过程中所起到的作用也各不相同。前瞻性反思学习主要发生在学习活动前，其作用表现在总结与过去相似的学习经验，为今后的学习活动提供借鉴和指导；过程性反思学习主要发生在学习活动中，其效用在于监控和调节，以使学习活动顺利完成；回顾性反思学习则发生在学习活动结束后，通过回顾过去，总结经验和教训，为相似学习活动中的知识迁移做好准备。总之，反思性学习有利于学生实现深度学习，即学生通过反思性学习能够加深对知识的深度理解，实现知识与技能的迁移与复杂问题的有效解决，进而促进自身学习目标的达成。

反思是学生个体内部世界的单向度活动，其作用的有效发挥离不开学生个体与个体之间的学习对话与交流。这是因为对话与交流是人与人生命之中最本质的信息互换过程，它们撞击着对话者的思想、擦亮了对话者的心灵、升华了对话者的原有经验，从而有利于学生在完成自我超越的过程中实现实质性的发展与提升。对话与交流的方式是多种多样的，如组内之间的日常交流、组际间的学习交流、班主任与小组全体成员的生活交流、学科教师与班级全体小组成员的学科专业知识交流、学校管理者与班级全体小组组长的管理经验交流等。

班级管理以交流反思为着力点，有助于促进学生进行深度学习。以下是几位学生的日记摘录：

学生1：有不足要完善，有进步要坚持。

学生2：这次考试我没有考好，不进反退。我也认真地总结了前一段时间的学习情况。我没有认真对待学习，它自然也不会好好回报我。现在离高考越来越近了，我总是问自己现在努力还来得及吗？而这其实是一种回避的表现，表明你还没有醒悟。事实上，只要努力，什么时候开始都不晚！如果自己一再地退缩，便永远也不会进步。所以在接下来的日子里，我会争取迎头赶上，回到自己满意的位置。

学生3：学习小组的成立让我们的学习更有条理和乐趣。一起做题、一起讨论、一起散步、一起欢笑，我们早已是一个不可分割的整体。小组成员各有所长，彼此取长补短，互帮互助，同时也会让我们的友情更加坚固。

学生4：快两年了，小组内的关系变得愈发默契。当然，也会有很多不如意的时候。希望借此总结这一年来的交流，也希望到了新学期，我们组依然充满活力！

四、以发展评价为落脚点

学生发展是学校一切教育工作的出发点和落脚点。因此,对学生的评价应依据他们在原有的学习水平基础上,通过自己的阶段性努力,各项学习指标是否取得一定的进展,评价学生的根本目的应在于,让学生认识到自己的长处和不足,树立信心,积极改正,促进他们今后向更高的目标发展,即所谓的发展性评价。发展性评价的核心是关注学生的发展,促进学生的发展。德国教育家第斯多惠对此也有相似的表述,教育艺术的本质不在于传授本领,而在于激励、唤醒和鼓舞。

对学生进行科学评价可以有效地促进学生向更好的方向发展。在班级管理中,班主任对小组进行发展性评价,可以提升小组的凝聚力,营造良好的学习氛围,创建积极向上的班风,进而可以逐步提升班级管理的工作层次,最终将有助于实现全体学生综合素养的提升与发展。班主任对学生的评价应以小组为单位,阶段性、递进式进行。这是因为学生的发展并不是一蹴而就的,而是一个缓慢变化的过程。作为学生健康成长的指导者和引路人——班主任,理应重视这一教育规律,按照学生的成长规律进行班级管理,对学生的评价要体现出阶段性特征和螺旋递进式的发展要求。落实到学生的学习层面,阶段性小组评价应以小组所有成员的学习变化作为依据,其目的就是让每一个学生(哪怕是最后一名)都能看见自己进步与发展的希望所在,从而对自己逐步树立信心,并一步步地向自己预定的目标前进。所以小组成员之间就有了荣辱与共的关系,“组誉我荣,组衰我辱”,每一个成员都为小组的荣誉而努力。如此,学生在小组学习中就自然会互帮互学、互补互进。以下是几位学生的日记摘录:

学生1:没有理想的人生注定是迷茫的,我要在进步中完成一个又一个的目标,将这些目标化为理想实现的基石。

学生2:小组能有优异的成绩,是小组每位成员共同努力的结果。我们团结一心、互帮互助。成绩优异的组员不骄傲,热心帮助落后的组员;落后的组员不气馁,虚心向优秀的组员请教。正是有了这样的小组精神,才使这个小集体能不断进步,迈上新的台阶。在以后的日子中,小组将发挥优点,弥补不足。每位组员将以最饱满的状态迎接接下来的学习任务。

学生3:一个人的发展固然重要,但是脱离了同伴,这个人永远都不会成为一个顶天立地的成功的人。有了同伴的帮助,这个人才能得到真正的发展,与此同时,帮助过这个人的同伴也在进步,也在发展。

学生4:有了科学的发展性评价,我们小组的全体组员都积极关注整体的学习进程,这也影响和改进了教师的教学行为。我们不仅关注小组整体的学习结果,关注彼此的学习过程,更关注我们在学习活动中所表现出来的情感与态度。

52 优秀学子回母校，满怀深情话生涯

给大家讲一个六中优秀学子的故事。葛同学是2009年从合肥市第五十中学考入合肥六中的学生。在高二的时候，出色的成绩让她成为很多高校竞相争抢的“香饽饽”。但是她放弃了赴新加坡南洋理工大学深造的机会，毅然选择了中国科学技术大学创新班。虽然在六中只待了两年，但是，这两年对她非常关键。她被邀请参加“回母校，话生涯”的活动，她在活动中给31班的同学们讲述了她的成长故事：

回首刚刚过去的两年高中生活，我的心底涌动着充实和快乐，以及对母校六中无法用感谢和敬仰这样的字眼概括的情感。

两年前，中考考场上失利的我在茫然和惶恐中挣扎，渴望离开家，离开父母，去寻找自己的自由。所以，当得知被抽到六中的自己又要面临三年的走读生活时，心里有些不平，无奈又无助。令我欣喜的是，在家苦心修炼了一个月后，我幸运地考入六中数理特长班，也算是给我支离破碎的自尊心一点安慰吧。

就这样，我带着一点点傲人的惊喜和无可回避的胆怯进入了六中。我仍清晰地记得开学第一天的景象，班主任熊老师迈着正步跨进了班级，一股凛然的霸气，但他的眼里，却流露出对我们30班56位同学无以复加的怜爱。他的话不多，让我记忆犹新的一句是“30班，就是要用三年的努力，画上一个完美的句号，甚至是感叹号”！谈到我们30班，我自然一脸的得意。30班，可谓是卧虎藏龙的宝地，更重要的是，除了在成绩上出类拔萃外，我们的身上

都带着30班人特有的霸气,但这并不影响我们成为一个坚不可摧的班集体,我们团结协作,大家其乐融融,班里没有优秀生之间的明争暗斗,却有一股“君子和而不同”的大家风范。这一切,要归功于熊老师在班级管理方面的特殊才能。他所倡导的“小组学习”,营造了我们团结协作的氛围,他要求我们每周一交周记本,当然不是语文周记本,而是一周生活的纪要与反省,和下一周生活的计划。通过这一本薄薄的周记,他能及时了解每一位同学最近的情况,以及班级的最新动态,他能就我们心中的疑惑给予最及时的解答,就我们的现状给予最精当的指导,他为我们每个人在心中开辟了一片小小的空间,让我们觉得如此温暖。30班的我们在他的精心呵护下一个个“牛气冲天”。

数学邹老师日日夜夜不断亲身实战于题海之中,然后挑出精炼的题目,为我们节约了大量时间,同时使我们得到了最大程度的锻炼和拓展,他还把自己总结出的心得技巧印给我们,直至今天,我还经常翻出往日的讲义,汲取精华,每当我看见他那特有的略显土气却隽永的钢笔字时,我都感动不已。我还回想起他在每节课下课后,都会夹着书本在班里转一圈,左顾右盼,巴不得哪位同学向他提问题,好一展他的才华。当然,如果哪里围了一圈同学在热烈地讨论某个数学问题,他一定会毫不犹豫地弯下腰,挤进去一起讨论,那专注的神情,一点也不比我们逊色。

英语方老师是最会和我们一起闹腾的人了,在她的英语课堂上,从不缺笑容和激情。她流利动听的口语令我们沉迷,连英语中最枯燥的语法在她的嘴里都变得魅力无穷。

生物赵老师也特别的可爱,不知道这个词用得恰当不恰当,但当你看见她的甜甜的笑容伴着两个浅浅的酒窝时,就一定会觉得用“可爱”两个字远远不能恰如其分地形容她。她的生物课很好玩,她总是以她特有的方式给我们讲述神秘的生物世界,我真的无法用语言描绘那是一种怎样的精妙，上课已经变成了享受。

其实，赵老师来自合肥四中，口语流利标准的英语方芳老师也是刚刚来到六中的年轻教师，并不像很多人想象中那样，认为我们数理特长班的老师都是土生土长的六中顶级老师。事实上，两年来，母校给我最大的震撼就是老师们都非常认真、负责。

每天早晨踏进美丽的校园，我都满怀冲动，抬头看见的是那个蓝色的时钟，秒针柔情却一丝不苟地向前飞奔，我迈着大步冲上教学楼的阶梯，我喜欢迈着大步的感觉，稳健而又潇洒，周围的同学也都是如此。你看，他们那一张张朝气蓬勃的脸，映衬的是六中人的活力与激情，六中的校风出奇的好，这一点，当你行走于校园中就会清楚地感觉到。有时我望着一张张或陌生或熟悉的脸，会自豪地想：我们都是六中人。

当我踏着夜色心满意足地走出校门时，看到母亲在不远处等我，母亲骑着电动自行车把我带回家，家里有热气腾腾的菜肴，很好吃。我坐在自家的书房里，窗外虽然一片漆黑，但我的书房是亮的，心更是亮的，虽然少了寄宿学校的两节晚自习，但我在书房里，心更静，在自己的家里，更方便。

在母校六中的两年，我就这样平静地度过，说起来或许有些枯燥单调，但在追梦的路上，始终向前却让我特别充实，我静心地过好每一天，做好身边每一件事，充实而快乐。

高二的下学期，我参加了中国科学技术大学创新班和新加坡SM2项目的两次考试，很幸运的是，我既被中国科学技术大学预录取，又通过了新加坡SM2项目的笔试，站在人生的十字路口，虽然有些激动，却也有些茫然失措，在熊老师和其他老师以及父母的再三考虑下，我学会了放弃，最终选择了中国科学技术大学，我认为中国科学技术大学会给我长足发展的空间。

作为追梦人，我现在穿梭在中国科学技术大学的校园。同学们,我们都是六中学子,永远都是六中人。我热切地期盼着我的学弟学妹们明年高考能取得优异的成绩,考进理想的学府;同时,也将最衷心的祝福送给将要来到六中的学弟学妹们,愿你们在六中度过充实的三年,在六中的怀抱里成长,自由翱翔直入蓝天!

53 做最好的自己，让梦想成真

“做最好的自己”是一个孩子在周一升旗仪式上的演讲主题。他家里没有电脑，他的演讲稿是写在笔记本上的，演讲结束后，我把孩子所讲的内容一个字一个字地录到电脑里，作为纪念。

我今天演讲的主题是“做最好的自己”。这次段考我进步了，但这次考试之前，甚至考试之后、知道成绩之前，我都没想过我会进步，因为前三次考试，我的成绩一次比一次差，你们知道自己的名次一百名一百名地往下降的时候那种感觉是怎样的吗？是窒息！像是胸口被堵住一样，看到自己只退不进，看到成绩掉到一本线以下，我在想，要是一直这样下去，我是不是高考结束就得回家种田了？可是姐姐说的那些精彩的大学活动，我都没有经历过，我很担心。

周二上午，许多人已经去办公室看过成绩了，身边的几位同学考得都不错，好像有不少人进步了。而我，只希望结束名次一百名一百名地往下降的情况。终于，我忍不住去看了排名的名单。我从中间开始往上扫，因为上次段考，我记得我就在中间那个位置，虽然眼睛扫得很快，但我的心情却十分复杂，当我往上扫的时候，三个名字扫完了，没有我！又两个名字扫完了，还是没有我！我的名字呢？难道在中间往下？于是我放弃往上看，开始往下看，可下面好像也没有我的名字。我正打算重新再看一遍，旁边的同学拍拍我，指着成绩单说：“你这次考得这么好啊！”原来我的名字在上面的位置！本已经提到嗓子眼的心落了回去，忧愁苦闷随着一口气被吐了出来，怎么会呢？竟然有进步，不可思议啊！但这好像也是顺理成章的。这一个月来，我的确没有一丝的放松，走路的脚步比别人快了，说的话比以前少了，做作业比以前认真了，心比以前更安静了，成功是来源于努力的。

学习与不学习的人，每天看来没有任何区别；每月看来，差异也微乎其微；每年看来，差距虽然明显，但好像也没什么！可是十年后再看，也许就是两种截然不同的人生！之前在庞老师的PPT中看到一段话，大意是：当人们谈到自己的成功时，一切好像都是顺理成章的。的确，走向成功向来是顺理成章的，但前提是，你一直在努力。

而努力就意味着吃苦。曾有人说过，人年轻时就要多吃苦，只有年轻的时候把苦吃完了，老了才能享受。是的，趁着年轻，不怕多吃一些苦。那些逆境与磨炼，才会让你真正学会谦恭。该做的事尽全力去做，该尽的努力不打折扣地完成，总有一天，你会感激当时那个再艰难也咬牙坚持的自己。

要想成功，必须养成好的习惯。陈老师说，把做作业当成考试，那么考试的时候你就会保持做作业的心态；庞老师也说，作业都不认真写，考试的时候怎么认真得了啊？所以我们应该认真写作业，建立好的习惯，改掉小毛病。只有改变自己的态度，才能改变人生的高度！只有你养成了好的习惯，平时答题格式全对，读题审题正确，考试时才能顺理成章地取得成功。

沉默是金。当你的才华还撑不起你的野心时，那你就应该静下心来学习；当你的能力还驾驭不了你的目标时，那你就应该沉下心来历练。只有耐得住寂寞才能守得住繁华。该奋斗的年龄不要选择安逸，压力不是有人比你努力，而是比你牛的人比你更加努力。越是有故事的人，越沉静简单；越是肤浅的人，越浮躁不安。

如果你是优秀的，不要肆意卖弄；如果你是寂寞的，那就在孤独中慢慢沉淀。人生本就植根于寂寞的土壤里，在经过沉默的历练之后，成功也会变得顺理成章。

高三的我们必须得拼搏！要知道，每一个你所厌恶的现在，都是未来的你想回也回不去的曾经。现在用功读书，不是要和别人比成绩，而是为了将来拥有选择的权利。

赵老师说过一个词：大有可为。身在六中的我们，每个人都是大有可为的！因为中考已经对我们做了一次筛选，证明我们每个人都是优秀的，都是合肥市这么多高中里拔尖的学生，我们都大有可为。

学霸们，继续努力吧，命运在自己的手里！越努力就越幸运！

学渣们，赶快努力吧！如果这次考试考差了，如果你觉得心情不好，你就抬眼看看窗外，世界很大，风景很美，机会很多，时间很快。不要蜷缩在那一小块阴影里，逆袭的故事从来就不是少数。如果你的生活处于最低谷，那就大胆地往前走，因为无论你怎么走都是向上的！

如果到了现在同学们还不明白我在讲什么？那就请你们记住一个字——干！两横一竖就是“干”，还有八个月，让我们六中人一起努力吧！为六中加油，做最好的自己，让梦想成真。

54 家长的一封信

高考前夕，收到了级部领导转发过来的我们班家长的一封信，信中那些朴实无华但是又满含深情的话语至今仍让我动容。

2015 年 7 月 17 日通过中考公开摇号，孩子成为了一名六中的高中学生。宣布摇号结果的瞬间，我和孩子的心里有些五味杂陈。因为对六中的了解和认知很大一部分是来自曾是六中校友的家长评价及孩子们心中对“一中—八中—六中”的排序，加之六中在老城区，先天的地理位置及硬件条件比不上其他两个兄弟学校，社会舆论对六中不公正的评价等，这些都让我们的心情有些许的失落和忐忑。但孩子最终的回答却让我们家长感动不已，他说，六中是和一中、八中在一个平台上摇号的学校，说明她的实力是和其他两个学校一样的，从现在开始，他不会因为自己被摇到六中而感到难受，还有三年时间在等着他，三年后他要用自己的努力和成绩为六中证明，她值得拥有！

孩子入校时被分在高一(11)班，是一个平行班，班主任是比他们大不了多少的马老师，其他授课老师大部分也都是毕业不久的年轻老师，这让许多家长内心既感到新奇又充满疑惑和不安，但班级所有的学生及家长依然选择了信任及支持所有的老师。老师们果然不负众望，用他们青春昂扬、积极向上的精神感染着每个学生及家长，让一个年轻的集体迸发出了惊人的凝聚力，老师们还展现了巨大的勇气和强烈的责任感，让每一个学习在其中的学生都热爱关心这个集体，关心身边的每个人。记得刚开学时，有个住校的学生，因周末放学时没有和家长确定好接的地点，加之回家心切，就在没见到家长的情况下自己独自拖着行李回家了，那天还下着大雨。到了晚上8点多钟，家长焦急地在班级群里发布孩子到现在还没有到家，也联系不上的消息，班主任马老师和群里看见消息的很多家长，都不顾大雨，带着自己的孩子在住校的孩子可能经过的大街小巷寻找他的身影。最终孩子安全到家，班主任及各位家长、同学都感到万分欣慰。回想这次暖心的行动，内心很感动，这体现了六中老师的责任心，体现了班级里家长的爱心，也体现了班级同学间的情谊。正是这样一个年轻的班级，在高一时获得了学校及社会上的多项个人及集体大奖和荣誉，他们的不易与坚持不懈的努力让我深受感动。

转眼到了高二，通过文理科分科考试，孩子顺利来到了高二(31)班，这对孩子来说又是一个新的开始。班主任是有着多年丰富教学经验及班主任工作经验的王莉老师，她的优雅美丽、谆谆教诲，无不在向她的学生们传递着她的成熟、自信、坦然和内心的强大。因平时工作繁忙，我和老师的接触较少，对老师的了解多数源于家长群，更多的是源于孩子的口中。孩子喜欢他的班主任及每一位老师，从他口中表达出的更多的是对老师们的敬佩和崇拜。孩子在这个集体中努力学习，不断进步。虽然学习过程中会有不少困难与挫折，但孩子身上展现出的那份勇气、坚持与决心，让我看见背后老师们对孩子的辛勤付出与潜移默化的影响。记得高三上学期的一天，孩子吃饭时说班主任王莉老师因生病需住院开刀治疗，孩子的内心是沉重的，我们家长的内心是担忧的，既有对老师身体健康的担忧，也有对孩子们接下来学业的担忧。毕竟是高三，每分每秒都很重要，耽误不得，否则可能会影响孩子们的未来。当天王莉老师在家长群里发了消息，告知家长们学校及年级部已作了妥善安排，孩子们的学习及管理不会受到影响，让家长及孩子们放心。接下来的时间也确实没有让孩子和家长们失望，刘庆老师接过重担，认真完成班级管理工作，及时和家长们保持沟通。蔡胜国老师不管作为级部的领导还是班级授课老师，为孩子们付出了更多的心血。王莉老师手术后不久，在身体还没有完全恢复的情况下，心中牵挂着孩子和教学，很快回到班主任岗位上，继续着她辛勤而无悔的工作。孩子回家说王老师回来了，眼中的那份喜悦让人感动，王老师用自己的行动影响着她的学生们，激励着她的学生们，同时也感动着每一个家长！

距离2018年的高考只有三十多天了，孩子们即将离开母校六中，去奔赴梦想中更高的学习殿堂。他们身上体现出的除了努力不懈的学习态度及面对高考的决心、信心，还有对学习生活过三年的母校六中的那份热爱及眷恋。孩子告诉我们，他不但现在会勤奋努力地备战高考，在以后的学习及人生中也会一直不懈努力，做一个优秀的六中校友，用自己的努力回报自己的母校及老师！这句话又让我感动不已，无疑六中的教育理念是成功的。孩子从2015年7月17日摇号后的忐忑，到今天脸上洋溢着的笑容与坚定，面对困难时的不懈努力和勇气、自信，这种变化是巨大的，这种变化背后无不透露着每个六中领导、老师的辛勤付出和汗水，无不透露着学校和每个老师带给孩子的温暖和内心的支持，六中的校园文化是成功的！

读完信后，我的心中满是感动。其实，感动很简单。它可能仅仅来自一句简单的问候，一个温暖的眼神，一个不经意的动作，一个浅浅的微笑，但这些都会化作一段刻骨铭心的记忆，一份沉甸甸的真实，一生勤勤恳恳的坚持和一种不求回报的奉献。

55 苦中有甜，痛并快乐

高考结束，三年的班主任生活暂时告一段落。回首过去的三年，虽然辛苦，但也苦中有甜，痛并快乐着，尤其是看到家长们发给我的一段段感谢的文字和诗句，更觉得自己所做的一切都值了。摘录一篇，以飨读者。

1

打开我租住房子的窗户，
俯视
蔷薇和槐花杂陈的院落里。
我的孩子，和他同样年龄的一群孩子
正在阳光下安静地刷题。

2

此刻是春天，暮春，
杜鹃已经开过，遥远的山上
大片大片的映山红期待来年的春天。
而我，等待的不是春天，
是初夏，一个幸福的日子，
一个孩子即将走出沉重试卷的日子。

3

但你们，和我的心情不同。
那些我未曾谋面的高三老师，
依然激情满怀，像不知疲倦的农人，
巡视即将成熟的麦田，踌躇满志。
微笑写在你们的脸上，
压力藏在你们的心里。
这一季麦子能不能卖上一个好价钱，
就靠这最后一个月的灌浆了。

4

今天是五月一日。
一百多年前，芝加哥工人的一次罢工
给世界留下了这个节日。
八小时工作制和休息权，
写在无产阶级和劳动人民胜利的旗帜上。
但是面对高考，
迎着家长们焦虑的目光，
高三老师放弃了八小时工作制，
放弃了休息权，
在高速公路免费的小长假里，上课。

5

老师的辛苦，我是知道的，
老师的寂寞，我是知道的，
因为我也曾经是老师。三十年前，

像我孩子一样大的年龄的时候，
我就是一名老师了，花一般的年纪，
站在讲台上，指挥比我小不了几岁的孩子们
演算四则混合运算。
但是，我终究受不了老师的寂寞，
离开了学生和学校，成为一名学生家长。
在成为高三学生家长之后，
才知道，对老师的感动愈甚。

6

高三，这个词的含义不是所有人都懂。
面对即将到来的人生大考，
学生紧张，学生家长紧张，
而那些我未曾谋面的高三老师，不紧张，
因为他们知道，今年的收成已经预订。
雨水和汗水滋润的麦田里，
迎风拂动的，是丰收的味道。

7

国际劳动节的上午，听着八小时之歌，
用什么样的词汇表达对老师的感动呢？
劳动最光荣，有点空泛，
劳动最神圣，有点虚伪，
劳动最美丽，有点矫情。
对于辛劳不辍的高三老师来说，
劳动是一种生活方式，
一种生命呈现，

是嵌入魂灵的舞曲。
这支舞不跳完,我难受,
这道题不讲完,我难受。

8

生命不息,劳动不止,
奋斗的人生最幸福。
高三老师诠释的劳动观,
和当年芝加哥工人的诉求,异曲同工,
捍卫休息的权利,与捍卫劳动的权利
一样熠熠生辉。

9

抛弃更多的人生机会,枯守讲台,
在物欲横流的世道,坚守校园。
那些我未曾谋面的高三老师,
执着于一个梦想,听命于一个声音,
在学生绽放美丽人生的梦想中,
在学生家长望子成龙的声音中,
高三老师殚精竭虑,夜以继日。
有人说老师像蜡烛,照亮别人毁灭自己,
我说不对,将自己平生所学倾囊而出,
不是毁灭,是涅槃。

10

可惜,我没有机会再做老师了。
我的孩子似乎有机会

像他的高三老师们一样，
若干年后，站在高三的讲台上，
告诉他的学生们，
注意，这个题型今年高考必考。

读着这诗一般的话语，我被家长的才情所折服，更被这些诗中流露出的情感所打动。

56

世纪宝宝毕业了

三载春秋，转瞬即逝。三年的征途，是光荣的荆棘路，带着梦想与期待，合肥六中的学子们一路走来。2018 年 6 月 9 日上午，合肥六中 2018 届的 2000 名学子自豪地跨过“毕业门”，欢聚在百花井校区的体育馆内，共同庆祝“世纪宝宝”的毕业典礼和成人礼。

毕业典礼在庄严雄壮的国歌中揭开了序幕。在优秀毕业生的经验分享和大学招生办领导的毕业祝福后，校长开始给本届优秀毕业生颁发“校长奖”。

合肥六中校长奖于 2013 年 5 月设立，是合肥六中学子的最高荣誉。校长奖旨在展现当代中学生坚定理想、开拓创新、自强不息、奋发向上的时代风貌，褒奖六中学子对六中精神的传承，充分发挥榜样的力量及优秀学生的正面导向作用。15 位荣获“合肥六中第六届校长奖”的同学及其初中母校的校长和老师一同上台，封校长为获奖的同学颁发证书和奖金，向获奖学生的初中母校赠送喜报，为他们的初中老师颁发“杰出育苗奖”，并合影留念。

最激动人心的时刻到来了。在封校长一句“飞翔吧，宝宝们”的殷殷寄语中，32 名学生代表从校长手中郑重地接过毕业证书，宣告了“世纪宝宝”们正式毕业了。接着，全体毕业生高举右拳，在两位主持人的带领下进行毕业、成人宣誓仪式，“今天我以六中为荣，明天六中以我为荣”的宣誓声响彻云霄。

最后，让我们记住这些可爱的孩子们吧。三年前的他们带着懵懂和稚嫩走入六中，三年后的他们带着自信和成功离开母校。

一年年的花开花谢，一届届学生来了又走。悠扬的琴音表达不尽学子们对父母、六中的敬意。热情的赞歌演唱不完孩子们对恩师、同学的深情。相信经过高考的洗礼的他们，定将会有惊天动地、辉煌灿烂的未来！

后　记

倾情廿七载，茉莉花儿开

——记合肥六中“最美教师”王莉

从 1992 年工作至今，她把一生中最美好的二十七年倾情奉献给合肥六中这一方热土，也见证了“大湖名城，创新高地”二十七年教育事业发展的印迹。

她，就是合肥六中“最美教师”王莉。

（一）

一路走来，春暖花开。

二十七年来，她一直坚守在教学第一线，她在讲台上大展风采。如今，她已经是安徽省“教坛新星”、合肥市“五一”劳动奖章获得者、合肥市专业技术拔尖人才、合肥市“学科带头人”、合肥市教师专业技术职务评审委员会专家库成员、合肥市高三教学质量检测命题组核心成员、合肥市王莉名师工作室主持人。她已经成为合肥市乃至安徽省高中英语教学的领军人物。

她自 2004 年起一直担任合肥市教育科学研究市级课题鉴定专家库成员，合肥市学英语教学专业委员会理事，合肥市中小学教师职称评定考核专家组成员，合肥市高三教学质量检测英语学科命题专家，等等。从 2007 年开始，她连续十几年参加合肥市高三英语检测模拟考试的命题工作。

她还多次受邀参加安徽电视台经视频道《名师帮你赢高考》节目和合肥电视台《都市直通车》节目，并为《新安晚报》《安徽商报》《江淮晨报》《安徽市场报》《合肥晚报》等各大报纸撰写高考指导性文章 20 多篇，辅导全市学生参加高考，产生了广泛的社会影响。她受邀参加合肥市普通高中新课程“名师课堂教学艺术研讨”系列活动，为年轻教师上示范课，深受好评。她还受邀参加安徽省六校联谊会，解读安徽省高考英语学科《考试说明》。

作为安徽省唯一受邀评委，她曾飞往重庆参加由中国教育学会外语教学专业委员会主办的中国教育学会 2016 年度课堂教学展示与观摩（培训）系列活动，三天，她整整听了 30 节课，并对每一节课进行记录和打分，在课后还对每节课逐一点评。在此次活动中，她撰写的教学设计：《Module 6 Unit 18 Lesson1 What Is Beauty?》荣获全国一等奖。

（二）

赠人玫瑰，手有余香。

2008年，在英语学科组的共同努力下，她以过硬的教学能力在众多选手中脱颖而出，最后获得安徽省"教坛新星"称号。自从2009年6月，四中整建制并入六中组建成新的合肥六中后，她一直担任学校英语学科主任。她在英语学科的建设上不遗余力。因为，她深知学科可持续发展的重要性。自2010年任学科主任以来，她以校本教研为载体，以交流反思为平台，以校本培训为契机，以课题研究为依托，积极构建多元校本研修模式，为大家搭建发展平台，促进英语学科教师专业发展。她撰写的文章《构建多元研修模式　促进教师专业发展——以合肥六中英语学科组为别》发表在国家级期刊《教师教育论坛》2015年第6期上。她还一直把培养青年教师作为英语学科发展的首要任务。在她的悉心指导下，英语学科组的青年教师成长迅速，其中，李茜、花擎代表安徽省参加全国说课大赛均取得一等奖；方芳、汪洁、王鹏、李茜等青年教师蝉联合肥市乃至安徽省高中英语课堂教学比赛的一等奖。真可谓名师出高徒！在她的带领下，英语学科组不仅教研氛围浓厚，而且所教班级的英语学科成绩在全市乃至全省均居前列。2014年12月，安徽省"巾帼文明岗"称号花落合肥六中英语学科组。

在繁重的教学工作之外，她还积极参加市教育局和学校组织的课题研究工作。2005年，她参与合肥六中国家级课题"信息技术与课程整合的理论与实践研究"，已成功结题；2008年，她参与合肥市教育局教研室国家级课题"课堂教学与英语高考完形填空和阅读理解的相关性研究"，该课题也已成功结题并获得国家级一等奖。

面对即将到来的新课程改革和新高考，她未雨绸缪，早早介入中学英语学科核心素养的研究，她撰写的文章《"学生发展核心素养"如何在学科教学中落地？》发表在国家级期刊《教师教育论坛》2017年第2期上。她有信心带领她的团队凝聚发展特色，破解发展难题，不断提高英语学科组全体教师的教学水平和理论研究能力，给学生提供最合适的教育，最终促进学生发展。